回到當下的旅程

JOURNEY *into* NOW

Clear Guidance on the Path of Spiritual Awakening

靈性覺醒的清晰指引

李爾納・杰克伯森 著
Leonard Jacobson
宗玲 譯

各界讚譽

杰克伯森在《回到當下的旅程》一書中，權威性地指出過去不能決定未來，除非我們自己允許。對活在當下的重要性，他的闡述對希望覺醒的每個人來講，不僅是契機，而且堪稱完美。

——安東尼．羅賓斯（Anthony Robbins），暢銷書《喚醒心中的巨人》（*Awaken the Giant Within*）作者

杰克伯森著有四部著作，包括《寂靜的智慧》（*Words from Silence*）、《擁抱當下》（*Embracing the Present*），和《橋接天堂與人間》（*Bridging Heaven & Earth*）。他是一位受人尊敬的導師、療癒士和奧祕士。《回到當下的旅程》是他的力作。這本書給跋涉在靈修路上的新、舊修行者們提供了一份詳細的覺醒地圖，對於覺醒的境界

和感受有著很清晰的描述。本書特別值得關注的是，他在書的結尾講述了他自己的覺醒經歷。靈修者無須到處尋覓，要成為一個「全然覺醒的存在體」，本書就是獲得啟發，挑戰，以及修行方向的最佳著作。

——克莉絲汀・莫里斯（Kristine Morris），《前言雜誌》（*Foreword Magazine*）

《回到當下的旅程》一書，在靈修路上的陳年混亂和廢言贅語中獨闢蹊徑。本書與保持臨在的知見和觀念無關，其重點是臨在本身。李爾納在本書中所做的，就是讓你跨過保持臨在的障礙，讓你去實踐並引導你進入當下時刻。

——維爾・阿恩特（Will Arndt），《我們懂個X》（*What the Bleep*）導演和製片人

對任何一個要更加臨在的人，《回到當下的旅程》是必讀的一本書。在闡述頭腦的本質，如何克服覺醒路上諸多微細的障礙，包括Ego的抵抗方面，本書無愧為最佳作品之一。它以最簡明的用語，揭示了大師們數個世紀以來一直所談論的奧祕。簡明、實用，卻又不失深奧。《回到當下的旅程》是對那些身心渴望覺醒之人的奉獻。

——大衛・沃爾奇（David Welch），《深夜加油站遇見蘇格拉底》製片人

獻給瑪麗（Mary）：她的愛和奉獻每天都給予我啟迪。

獻給拉赫馬特（Rachwat）、哈麗瑪（Halimah）、佛蘭（Fran）、史蒂芬（Stephen）和克雷爾（Claire），他們那充滿愛的支持，使我得以能夠和大家分享我的教導。

同時，也獻給那些全然敞開心扉、真理的學生和追求者。你們的勇氣和真誠使我能夠深入審視人類的靈魂深處，並見證其內在的壯麗輝煌。

獻給所有的人。我愛你們！我感謝你們！

目錄

台灣版序　歡迎你返家

很高興我的《回到當下的旅程》一書將在臺灣出版。很多人沒有認識到他們可以覺醒來到一個全新的、更高的覺性層面，而這會強有力地、積極地轉化他們的人生。

覺醒來到當下時刻，將把更多的愛，接納和富足帶入你的生活。你將不再批判自己和他人。你將不再擔心他人對你的看法。你將感到更有力量做自己，沒有恐懼或限制地全然表達自己。

但是，當下的本體（Presence）所提供給我們的遠不止於此。在深層的本體，你會開啟進入合一。你會開始親自體證偉大的導師和奧祕士們數個世紀以來一直所講述的內容。

本書將指導你如何把自己從過去的痛苦和限制，以及對未來的焦慮中解放出來。它將指導你如何以最簡單的方式臨在（在當下）。當你變得更加臨在的時候，會感覺你是在返家。

前言　釋放內在沉睡巨人的力量

在你讀這本書時，就意謂著你已經準備好要從頭腦這個限制性的世界裡解脫出來，進入永恆的、無限的、當下的世界。

這本書是對你覺醒的綜合指南。當你真正覺醒的時候，你會發現一個比你想像的要更加神聖、更加美妙的世界。

在本書裡，我會跟你分享如何以最簡單的方式止念，如何全然地臨在並覺醒進入生命實相的方法。我會教你如何成為頭腦和Ego的主人，以便使你能夠在日常生活中立足於本體。

臨在會改善你生活的各個方面，包括你的人際關係。臨在具有不可估量的價值。

在我進入當下的指導裡，有一個必不可少的部分，就是我會談到前世和靈魂的旅程。我會談到神以及關於生命的永恆層面。我也會講到療癒、寬恕和懺悔的必要性。我會闡明正確釋放情緒的重要性。我用較長的篇幅來講述Ｅｇｏ以及如何把我們從它的暴政中釋放出來的方法。我甚至也談到了死亡。

不過，我向你保證，我所談及的一切都指向一個目標，即：我們如何把自己從過去中解放出來，完全覺醒進入當下時刻？我們如何從幻象中覺醒出來進入生命的實相？我們如何回歸合一，而且仍然可以務實地生活在這個時間的世界裡？

我敦促你以純真之心閱讀本書的每一頁。我的這本書不是為你的頭腦或者Ｅｇｏ而著。它是寫給你那個已經覺醒的維度，這個維度一直處於覺醒狀態，並且永遠是覺醒的。我是在跟永恆層面的你對話。

本書的每一頁都揭示了奧祕的一部分，它就像一幅回家的地圖。我建議你仔細閱讀完全書後，時不時地隨手翻開幾頁再次品味。你會發掘出每一頁裡所暗藏著的通向覺醒的鑰匙。

這本書具有釋放你內在沉睡巨人的力量。如果你確實能夠運用本書所寫的一切，你就會覺醒。

※作者註：為保護當事人隱私，書中提到的某些人名是化名

這趟旅程是從此處到此處
而抵達的唯一時間
是此刻

我們置身於
要使自己成為
已然如是的旅途上
這是我們生命中不可調和的矛盾

第一章

覺醒的呼喚

過去已逝，
未來永遠不會到來，
真相是，
生命不在當下時刻之外！

我知道你！

首先，我想告訴你，我知道你是誰。你是一個永恆的存在體。你是愛、接納和慈悲。你是力量、明晰和真理。在最深層面，你是純粹覺知，超越了外相與內涵。你強勁有力，超乎想像。你是神的意志在人間的載體。你是神的勇士。你的終極使命是覺醒進入合一。你是自己靈魂的捍衛者。你的靈魂只有通過你在這一生的覺醒才能復歸永生。你是合一的救贖者，是人間天堂的示現者。你是佛，在揭示神的純淨之識。你是基督，在揭示神的純淨之心。你是老子，在揭示神的人間之道。你是覺醒之男。你是覺醒之女。

你是永恆的，卻在時間之旅上跋涉。你的旅程已經把你從合一帶入了二元性。它已經把你帶入了幻象和分離的世界。它已經把你從當下時刻帶進了過去和未來。它已經把你帶離了真理，進入了思想、概念、見解和信仰的世界。

這趟旅程本來極具目的性，但是在很大程度上，我們已經迷路了。我們已經忘了自己是誰。我們現在是以Ego的形式在各自、分離的世界裡運作。我們已經偏離真理太遠，在跟隨著浪蕩子的步伐前行。由於科學技術的進步，我們人類已經變得相當危險，以至於無法在地球上再這樣無覺知地生活下去了。覺醒的時刻到了。但是，在我們能夠覺醒之前，我們必須要認出我們是如何迷失，迷失在哪兒了。

人類存在的窘境

大多數人生活在無覺知的狀態裡。即使是我們的眼睛睜得大大的，好像很清醒地在走路、說話、生活，然而真相是，我們並沒有醒著。

我們迷失在頭腦裡了，而頭腦是記憶中，過去和想像中的未來世界。它是思想、記憶和幻想的世界。是見解、想法、概念和信念的世界。頭腦使我們感覺在當下時刻之外還有生命。它讓我們感到我們存在於當下時刻之外，而這是最大的幻象。

真相是，生命不在當下時刻之外。真相是，你不會也無法存在於當下時刻之外。人類不停思考的頭腦世界是個幻象的世界，然而幾乎每個人都相信它是真實的。如同我們都在沉睡中，所做的夢就是我們的生活。我們必須要從這個夢裡醒過來。

靈性的覺醒或者開悟，是指「從過去和未來的頭腦世界裡，覺醒進入當下時刻的真理與實相之中」。

只有當你覺醒並全然臨在了，你才能發覺自己一直都沒有臨在。只有你覺醒了，你才能發現自己一直在沉睡，而在夢中覺得自己是醒著的。開悟就是從夢中醒來，是深刻、劇烈的覺知轉變。

分離

我們越頻繁地陷入頭腦那無有終結、喋喋不休的思緒裡，我們離當下時刻所顯露的生命真理和實相就越遠。

在微妙、無覺知的層面，我們感到與當下時刻分開了，感到相互之間是分離的。我們感到與生命的真正源頭分開了，與神分開了。我們無覺知生活的基礎就是分離感，幾乎人類所有的努力都是在試圖解決或逃避它。

分離的世界

當我們在頭腦裡時，我們就活在各自分離的世界裡。世界上有多少個無覺知的人，就有多少個分離的世界。對那些個人世界和我們自己的世界有些類似的人，我們可以與他們融洽相處。而對其他的人，我們就會與之格格不入。

但是，當我們臨在的時候，我們離開了各自分離的世界，進入到當下這一刻經由感官所體驗的同一世界。

在這裡，沒有記憶或者幻想來扭曲我們的現實，沒有概念、思想、見解，或者信念來扭曲我們對當下存在物的體驗，也沒有哲學或者宗教來分開我們，我們的頭腦是寂靜的。我寂靜，你也寂靜。我們對寂靜的體驗怎麼可能不同呢？那是不可能的。在寂靜和臨在中，我們一起進入了合一。

Ego

當你迷失在頭腦的世界裡時，你是以Ego的形式運作，而且你受Ego所控制。

我可以用簡單的幾個詞彙和句子，給Ego在生活中運作時的基本態度和立場做個總結。

「我！我！我！」

「我的！我的！我的！」

「我是對的。我是對的。我是對的。」

「我怎麼使用這個或利用這個？」

「這對我有什麼好處？」

這個星球居住著六十億個Ego。你還不明白為什麼世界會如此悲慘？你還不明白為什麼人們會為了短期利益而摧毀人間天堂嗎？你還不明白為什麼老虎和大猩猩還有其他無數的物種都在瀕臨滅絕嗎？你還不明白為什麼我們的世界會有這麼多的不公正、虐待、貪婪、殘酷和不平等嗎？

我們可以和那些與我們有同樣幻象（illusions）的人相處。這就是互相勾結（collusion）。這些人是我們的朋友。我們向那些膽敢信仰其他幻象的人宣戰。他們是我們的敵人。宗教，尤其是原教旨主義，就是最明顯、最危險的例證。民族主義也不例外。

「我！我！我！」

「我的！我的！我的！」

「我是對的。我是對的。我是對的。」

「我怎麼去使用這個或利用這個？」

「這對我有什麼好處？」

你可以看到，Ego的基本態度，影響了我們的生活以及人際關係的各個方面。同時也暴露出我們的政治、經濟體系以及軍力需求的背後，什麼才是那個真正的推動力。由於我們在這個星球上以Ego的形式無覺知地生活著，這就很有可能我們會把這個美麗的地球踐踏得再也不適合人類生存了。那時候，繼承這個世界的將不會是謙卑的人，而是螞蟻和蟑螂。

覺醒的時刻到了。我們每個人必須要先覺醒，然後集體層面的覺醒才會發生。在那之前，我們得去面對在漫長的時間和分離之旅上飽經變化的自己，否則，我們不可能覺醒。如果要擺脫Ego的統治，我們就必須要擁有、承認和坦然面對自己的Ego。

真正的臨在是什麼樣？

臨在，就是覺醒進入自己和生命裡那個超越思維頭腦的維度。你寂靜，全然地與真實存在於此刻此處的一切同在。

如果你完全臨在，此刻就是唯一的時刻，這就是覺醒進入生命實相的含義。

在覺醒本體的最深層次，過去和未來均已消失，你只有當下時刻。你在永恆的「此刻」裡醒著。在這個狀態，一個很簡單的原因使你無法在時間的世界裡生活，那就是時間沒有了，你不會有活在「此刻」之外的感覺。

但這並非意謂著，一個已覺醒的人會一直待在最深層的本體。覺醒者可以處在比較淺的臨在層面，以便在時間的世界裡生活。即使你在參與時間世界的生活，你仍然會深深地立足於本體，而且始終確定當下時刻就是生命的實相。

如果你從根本上覺醒進入本體，你的生活裡就不會有批判、恐懼和欲望。你活在接納的狀態。你作為愛在世間生活。分離的幻象消失了。你生活在與萬物合一的強烈感受中，並對那個非人格、永恆的存在維度有著持續地覺察。你眼中的他人都是平等的、開悟的，即使他們自己並沒有認知到這一點。你對動物和自然界也是如此。你不可能故意去傷害他人或物。你充滿慈悲，而且你的行為永遠正直。你無法不誠實，因為你的內在絕不會允許你那樣。

當你從根本上在生命的實相裡覺醒的時候，你基本上就擺脫了Ego的驅使、欲望以及所有的反應對你的各種束縛。

這並非意指覺醒的人就是完美的。偶爾，你也可以像其他人那樣去體驗恐懼和猶豫不決，或者是受傷和憤怒的感受。不同的是，現在你知道自己是暫時性地困在分離的幻象裡。你不會相信故事所呈現給你的一切。你知道這是過去將它自己投射到了當下。你不會認同情緒反應。而且，你仍然對內在升起的一切負全部的責任。你會擁有、接受這個體驗，但不會把它當成真相而採取行動。

兩種可能性

在你生命中的任何時刻都有兩種可能：你要麼完全臨在，要麼在頭腦裡。

當你的全部覺知都在這裡時，你是在被稱為「本體」的覺知狀態裡。你現在就「在」這裡。你在體驗當下時刻的真理與實相。分離的幻象消失了，你是在內在的寂靜狀態裡，一刻接一刻地回應此刻此處與你同在的一切。

當你在頭腦裡時，你拋棄了當下時刻的真理與實相去擁抱幻象的世界。當你在頭腦裡時，你是在過去或者未來的某個地方。你不在此刻此處。你正在體驗的並不是真實的。

藉助思想、記憶和想像的力量，你創造出了一個幻象的世界，而現在你被迫活在裡面。幾乎人類所有的苦難都歸因於這個簡單的事實。

你還沒有在這裡！

多年來，在我給許多人做個案的過程中，有一個主題會不斷地出現。下面是我和我一位學生的對話，很好地反映了這個主題。黛安，一位四十多歲的女士，在多次參加我的講座後，決定安排和我做個案。

在和我分享了她生活中所經歷的一些困難，又表達了一直困擾著她的情緒上的痛苦後，終於，她開始觸及問題的核心了。

「我就是不想在這裡。」在回應我對她的提問時，她很強烈地抗議著。

在過去的幾年間，我從很多人那裡都聽到過這樣的表述。這是覺醒的主要障礙，因為覺醒就是要全然地在這裡。

「你為什麼不想在這裡呢？」

她的回答很明確。

「這裡有太多的苦難。太痛苦了。太艱難了。」

當她打開進入內在所有被壓抑著的痛苦感受時，眼淚開始從她的面頰上滾落。她的生活一直很艱難，充滿了情緒上的傷痛。

「我真的不想在這兒。」她抽噎著說。

「可以。」我回答她，「不過，你還沒有在這裡。」

她顯得很困惑。

「你是什麼意思？如果我不在這裡，那麼我在哪裡？」

「你是降生在這個世界上了，但是，在你能夠徹底進入生命之前，你離開了屬於此刻此處的世界，進入了不屬於此處的世界。你還沒有在這裡，所以你怎麼知道你是否想在這裡呢？我建議在你真正地在這裡之前，先保留你的決定。」

「我不明白。」她說，「如果我不在這裡，那麼我在哪裡？」

「在你很小的時候，你進入了那個屬於人類思維頭腦的過去和未來的世界，你現在迷失在裡面了。頭腦的世界裝著你過去所有的苦難，而當下時刻並沒有苦難。由於你陷入了過去苦難的記憶，所以你就會繼續受苦。你繼續受苦，是因為你迷失在頭腦裡了，你迷失在過去裡了。」

她的眼淚停了。很用心地聽著我說的話。

「除非你『在』這裡，否則，你不可能知道自己是否想要在這裡。」我告訴她，「當你最終把自己從頭腦的監牢裡解放出來，並全然地處在生命的實相裡的時候，你將會發現這裡就是人間天堂，你的苦難就會結束，那時你會為自己在這裡而充滿感激。」

你怎麼進入頭腦的世界？

每當你思考時，你就進入了頭腦的世界。不管是靈性上的思考，還是才智的思考，其結果都是一樣的。任何思考都會把你帶到那裡。

我不是在講應該停止思考，也不是說思考是壞事。我只是在講所有的思考都會把你帶入頭腦的世界。

你是用信念的力量使自己的思維活躍起來。你越相信自己的念頭，你的思維就越活躍，而你在頭腦的世界裡被禁錮的也就越深。你越美化自己的思想，你在頭腦裡也就越加地迷失。

真相是，生命不在當下時刻之外。遲早，我們都必須臣服於這個簡單的真理。

離開當下時刻

我們人類身處困境，是因為我們不知道如何停止思考。難道不是這樣嗎？有多少人能夠停止思考，只是單純地待在寂靜和臨在裡？如果你不能停止思考，你就不能臨在，因為所有的思考都把你帶進頭腦。

思考並沒有什麼過錯。進入頭腦的世界也沒有什麼過錯，只要你知道自己在進入一個虛幻的世界，而且知道只有當下時刻是生命的實相。那麼，你就可以在時間的世界裡與自己的念頭、記憶和幻象玩耍。可以好好享受自己，但是要當心，迷失在裡面是很容易的！

如果你認同了自己的任何想法、記憶或幻象，或者過於認真地對待它們，你就會與當下時刻以及生命的實相分開。為了那個充滿了扭曲的記憶和虛假的承諾、虛幻的頭腦世界，你正在拋棄神、愛、真相和當下時刻。

你可以選擇思考

你可以選擇思考。在思考時，你也可以保持臨在。「你在思考」是事實，而你所思考的內容卻不是。你要是知道我不怎麼用腦可能會很驚訝。我不是在試圖停止思考。我只是在需要的時候才思考。除此之外，我不用腦思考。

無意地思考

如果你在思考，而你並非有意地在思考，那就是你的頭腦在自行思考。頭腦要自動思考以顯示自己的存在，而你就陷入了它的世界。你是自己頭腦的囚徒，而且你無法逃脫。頭腦的監獄有一個非常盡職的監獄長，那就是你自己的Ego。

寂靜

當你全然臨在時，念頭會停止。你的頭腦是寂靜的。你並沒有試圖停止念頭，而是當你臨在時自然就發生了。

但是，一個更深層面的寧靜與祥和在等待著被顯露。當你的頭腦安靜下來時，一扇內在之門就打開了，從而允許無限永恆的寂靜在你本體的核心中展露出來。

無限永恆的寂靜是你本體的基本屬性，是你的真實本質，也是一切存在的本質。它是純粹覺知永恆寂靜的顯現。它就是你的「我是」（**I am**）。

它是你在此刻而且僅僅是屬於此刻的維度。它是你在合一之中的維度。它是你的佛性。它是你與神同在合一之中的基督。

在當下時刻的寂靜裡

在當下時刻的寂靜裡，沒有過去，也沒有未來。沒有思想、意見、概念或信仰。沒有批判。沒有對或錯。沒有善或惡。沒有罪責，也沒有救贖。沒有絕望，也沒有希望。沒有責備或愧疚。沒有期待或怨恨。沒有恐懼或欲望。沒有分離。沒有隔牆或邊界。只有當下這一刻。

在當下時刻的寂靜裡，沒有國籍。沒有宗教。沒有信仰、教義或者教條。沒有所有、占有或控制。沒有成功或失敗。也沒有結果。只有當下這一刻。

一片無垠的藍天

當你全然臨在時，頭腦是寂靜的。你在純粹覺知的狀態中。我將其比喻為一片廣闊湛藍的天空，看不到一絲雲彩。當一個念頭升起的時候，就好像是一小朵雲彩在飄過一片無垠晴空。

你認為這一小朵雲彩會遮蔽天空嗎？當然不會。但是，如果你認同了這個念頭、相信它，或者甚至試圖除掉它，你就和這小朵雲彩糾纏在一起。你會發現自己被吸納進去了。這片廣闊藍天已不在你的視野，或對你隱沒起來了。

另外，如果當念頭升起時，你只是單純地看著它，既不迎合也不反對它。那麼，無垠的藍天對你仍然是敞開的。

如果你繼續思考，以至於突然間出現了成千上萬的小小的雲朵，那麼整個無垠藍天就被遮住了。

天空並沒有消失。它一直都在這裡，但是你對它的覺知已經被不停的思緒掩蓋了。現在你和它斷開了。你已經和自己的本質分開了，而你的本質是純粹覺知、無限、寂靜和永恆，就像那一望無際的藍天。

從車庫到廚房

一次，在我的課堂上，一位接近七十歲的男士對我跟大家分享的一切深感興趣。他舉手提了一個問題。

「我在日常生活中，怎麼做才能夠臨在呢？」他問我，「當我從車庫走到廚房時，怎麼做才能臨在？」

在我回答他的問題時，他非常認真地聆聽著。

「當你從車庫走到廚房時，要在當下，並覺知你身體的移動。與你看到的一切同在。與你聽到的一切同在。

以這種方式讓自己全然地在這裡，你就是在尊崇神和生命的實相，所以神和生命的實相就會顯露給你。」

我的話已把他帶入了深層的臨在狀態。當我繼續往下講時，他整個人在發光。

「當你在臨在中行走時，你會感到內在升起的祥和、愛以及深度的寧靜。在你一刻接著一刻的覺知中，會有對萬物的敬畏感。從車庫到廚房的路上，如果你和遇到的一切全然臨在，你就是覺醒的存在體。這段路會成為你的神聖之旅。」

一場夢

一位女士睡著了，進入了夢鄉。在夢裡，她在乘坐一列火車。在火車上，她丟失了兩件行李。這兩件行李是她的全部家當。丟失了這兩件行李，讓她很沮喪。

她開始一節車廂接著一節車廂地尋找她的行李。她找遍了所有的地方。她問過了每一個人是否看到過她的行李，但是毫無結果。不管她做了多大的努力，她就是找不到它們。她開始越來越焦急，越來越絕望。她的夢正在變成噩夢！

就在這時，一輛車從她正在睡覺的臥室外面駛過。車的喇叭響了一下。她開始從夢中醒來。她幾乎就要醒了。突然間，她記起她還沒有找到那兩件行李。

「我還不能醒，」她暗想，「我還沒有找到我的行李。」她正打算返回夢裡繼續尋找，她又突然想到如果她醒過來了，那麼她就不在火車上了，她也就沒有丟失行李。在那個時刻，她選擇從夢裡醒來。

這個寓言反映出我們自身生活的一個根本真相。在童年，我們進入了一個沒有人真正臨在的世界。我們沒有得到所需要的無條件的愛與接納。我們不被允許做自己或充分地表達自己。有些人甚至受到了那些本應該照顧我們的人的虐待。

那些未被滿足的需求和情緒上的創傷就是我們丟失的行李，而且找不到它們我們就不肯從夢中醒來。我們一直還在尋找愛、接納和認同。我們一直還在尋找能和我們一起臨在的人。我們仍然在試圖逃避痛苦。

但是，我們永遠不會在夢裡發現我們要找的東西。只有當我們從夢裡醒過來，我們才能認識到我們所尋找的是過去缺失的東西。只要繼續尋找下去，我們就深陷自己正在力圖解決的過去之中。只要繼續尋找，我們就會一直迷失在夢裡。

迷失在幻象裡

你可以用一生的時間，試圖去解決各種問題，克服各種限制，或者療癒各種傷痛，所有這些都來自過去而與當下時刻毫無關係。與之相比，覺醒進入當下時刻會更加容易，因為在當下時刻那些限制和情緒傷痛均不存在。

投射進入未來

我們記住了一個不甚完美的過去，並將其向前投射，為了創造一個美好的未來。此舉延續了我們不完美的過去並把自己鎖在了虛幻的世界。

把覺知帶入夢幻

有些人想要覺醒，但是他們的夢幻會阻止他們。如果你陷在夢幻裡，你就要去分享它、暴露它。把覺知帶入夢幻，它就開始釋放你。

覺醒的第一階段

覺醒的第一階段，是要坦承自己還沒有醒過來。療癒自身傷痛的第一階段，是要承認自己有傷痛。把自己從限制性信念中解脫出來的第一階段，是要承認自己有那些限制性信念。擺脫怒氣的第一階段，是要承認自己有怒氣。擺脫恐懼的第一階段，是要承認自己有恐懼。

如果你不願意承認現在的你成為了一個什麼樣的人，你就永遠不會解脫。並且，你必須要帶著愛、接納和慈悲，沒有任何批判地來全面承認自己。

非個人維度，個人維度以及Ego的兩個維度

你的本我（essential self）有兩個維度，你的Ego也有兩個維度。首先，我要闡明

這些維度之間的區別。

在本我的最深層，你是一個永恆的存在體。在這個層面，你已超越了時間，並超越了作為個體的一切自我感。你與所有的顯化存在於合一當中。你是純粹覺知無限永恆的寂靜顯現。它就是你的「我是」（I am）。它是你只存在於當下時刻的維度。沒有過去或者未來。你的頭腦是寂靜的。你全然地和在這裡的存在體同在。

這是覺知的徹底覺醒狀態。它沒有表達。你完全沉浸在當下時刻裡。它是非個人的。

不過，還有一個個人維度的你，它從非個人維度衍生出來並反映出你獨特的個性。我可以把它稱作是你的「人格」（personality），但這是在最純淨意義上的稱謂。

非個人和永恆維度的你就如同海洋。個人維度的你就如同波浪。波浪是海洋的一個表達形式。而且每個波浪都是獨特的個體。在個人層面，你仍然扎根於寂靜和本體之中，不過你也可以利用時間。你可以參與時間世界的生活，但不迷失在裡面，也不認同在時間世界裡的任何經歷。

經驗來了又去，但你從根本上安住於本體，沒有恐懼、批判、欲望或執著。

你知道只有當下時刻才是生命的實相，而且每一刻都在不停地自行更新。每一刻都被充分體驗，然後被釋放掉。經驗不會累積，所以過去也不會聚集在你的內在，這就使你得以進入當下時刻。

你仍然有記憶。你依然可以計畫未來，但你不會迷失在裡面了。你安穩地立足於本體之中，即使你在時間的世界裡遊戲人生也不例外。

在這個個人層面，你在表達永恆顯化的所有品質，包括寧靜、祥和、愛、接納、慈悲、明晰以及力量。你是一個獨一無二的個體，同時也是合一的一份表達。

但是，如果你生活在恐懼、批判、欲望和執著中，當下時刻就永遠不會被全然地體驗，也不會被釋放掉。這就會導致過去累積在你的內在。當這種情況發生時，你就被吸收到頭腦的世界裡了。

你深深地陷在過去和未來裡，深深地陷在自己的思緒裡，以至於你和當下時刻斷開了。你就被自己過去的記憶和未來的想像所定義了。於是，個人層面已不再表達非個人層面。你正在以Ego的形式生活在分離的世界裡。你活在記憶中的過去裡，活在它所有的痛苦和局限裡，並且你向前投射進入了一個想像中的未來。你已不再活在生命的實相裡。

起始的你，是純粹覺知的永恆顯化，超越了外相與內涵。你進入了一個由思想、記憶、情緒、想法、觀念、見解和信仰構建的複雜迷宮。現在你迷失在裡面了。

當你迷失在頭腦的世界裡時，在個人意義上，你是以Ego的形式在運作。

但是，Ego還有另外一個維度，是超越你個體維度的。它是人類覺知（human consciousness）的一個面貌，就是這個面貌在時間的世界裡管理並控制著你的生活。它是分離的監護人。它是Ego的一個完全不同的維度，而且它並沒有打算把你從它的世界裡釋放出來。

當你以Ego的形式運作的時候，你就被Ego所控制。你要服從它的管制，並且要遵守它的潛規則。

如果你要覺醒，你必須要覺察自己如何以Ego的形式運作而迷失在頭腦裡的所有方式。你必須要覺察Ego將你監禁在它分離的世界裡的所有方式。

找到回家之路

在覺醒的初期，你對本體的覺醒狀態會有極樂和深度的各種體驗。不過，你還是不可避免地又回到自己的頭腦裡。你的頭腦是你生活的家，你對這個家已習以為常。

偶爾，你會離開你的家，拜訪一下當下時刻。但是你不被允許停留在那裡。就好像有一條無形的橡皮筋在拉著你，把你快速的彈出當下時刻，拋回到屬於頭腦的過去和未來的世界。

不過，當你深入臨在，越來越能夠安住於當下的時候，當你把越多的覺知帶到頭腦中時，一個漸變就會開始發生。那條無形的橡皮筋會伸長、變鬆。你會發現自己處在當下的時間越來越長。Ego也不會堅持要你立即回到頭腦中去了。

頭腦和Ego的臣服與放鬆會持續，直到有一天，沒有任何提醒或者通知，你的家已從頭腦的世界轉換到了本體的世界。現在，你的家是在當下時刻。

臨在是你的自然狀態。你仍會進入頭腦去思考，但是思考完畢你就會自發地回到本體的覺醒狀態，也就是你的新家。現在，那個橡皮筋在朝相反方向拉你。它在把你從頭腦中拉回到本體裡。

當這個轉變發生時，你就通過了人生的一個重大轉折。你現在醒了。你在自己真正的家裡，也就是當下時刻的世界。

第二章

覺醒的第一步

如果你知道方法，
覺醒就很容易，
我和你分享的覺醒之法，
歷經多年的提煉，
已歸納為兩個簡單的步驟，
我把它稱之為「覺醒兩步舞」。

第一步　臨在

覺醒兩步舞的第一步，是選擇當下時刻為生命的實相。每天，你越來越多地選擇在，而非不在。這就是指，你必須每天很多次地選擇臨在。你臨在越頻繁，本體的維度在你的內在打開的就會越多。

你選擇臨在的唯一原因是，你知道當下時刻是生命的實相，而且你選擇待在生命的實相裡，而不是迷失在幻象的世界裡。

臨在的要領

臨在，極其簡單易行。有一個祕訣可以把你從頭腦世界的監獄裡解放出來，並徹底地把你釋放到當下時刻。這個祕訣很簡單，多年來我一直把它分享給我的學生們。

輕柔地讓自己回到與已經在這裡的存在體同在的狀態，這就是通向解脫的那個簡單祕訣。

當你在頭腦世界裡時，你不是在過去，就是在未來的某處。你唯一不在的地方就是當下時刻。所以，你所需要做的就是讓自己與實際在當下時刻的某個存在體同在，這樣，你就會從過去和未來的頭腦世界裡離開，進入當下時刻的世界。

凡是你能看到、聽到、感覺、品嘗、觸摸或者聞到的，你就可以與它臨在。它屬於當下時刻，所以，它能帶給你與它同在的機會。

當你一早醒來，在下床之前，花幾分鐘單純地和自己呼吸著的身體保持臨在。當你沖澡時，和水的暖意以及香皂的芳香保持臨在。在吃早餐時，保持臨在。在洗碗時保持臨在。如果你臨在，洗碗都可以成為一次神聖的體驗。

環視你的室內，那裡有好多你可以與之臨在的東西。你可以和每個瞬間聽到的聲音臨在。如果你在動，在身體的動作中保持臨在和覺察。和此刻此處的存在體保持臨在吧。

一天當中，你可以多次臨在。當你注意到自己走神進入了思想、記憶和想像的世界，就把自己帶回到當下時刻。當你選擇當下時刻時，你就會深入本體，而本體會逐漸地顯露出它隱藏的寶藏。最終，你會全然地安住於本體，神和人間天堂就會被揭示。

你只能和實際在此刻此處的存在體臨在

你無法以抽象的形式臨在。臨在並不是消失進入空無（nothingness）。你只能和實際在此刻此處的存在體臨在。

不管是一個門把、一把椅子、一棵樹、一朵花，還是掠過天空的鳥兒，只要是當下和你在一起的，都在邀請你和它臨在。

回應邀請

對進入臨在的邀請，我們人類通常是怎麼回應的呢？我們對它置之不理！我們在頭腦裡陷得如此之深，最多只能和在這裡的存在體保持幾秒鐘的臨在。我們對活在生命的實相裡毫無興趣。我們是造夢者，在做夢。

怎樣去回應那份邀請並從夢中覺醒出來？當下我們可以與之臨在的事物數不勝數。每一刻都在展示著豐盛。在臨在中穿過森林。在臨在中走過花園，注視著遼闊的天空。與海洋臨在。洗碗時臨在。或者，你可以在從車庫走到廚房時保持臨在。

真理不會妥協

真理不會妥協。它不會順應你的喜好。它不會迎合你的欲望。你要麼如其所是地接受當下時刻，要麼離開當下去尋找更多。神能給予你的只有此刻，而Ego卻有相當多的東西可用來誘惑你。

輕柔的復歸

我前面已經談到，保持臨在的關鍵是輕柔地復歸（remember），讓自己和已經在這裡的存在體同在。這裡的復歸是指什麼呢？

我們認為記起（remembering）是頭腦的一個功能，會把我們帶回到過去的某個事件當中去。這是對這個詞的誤用。要明白我真正指的是什麼，我們要先看一看「割裂」（dis-member）這個詞。割裂是把一個整體切割開，並將其分成許多單獨的部分。復歸是這個過程的逆轉。是把單獨的部分帶回到整體中去。

任何東西，只要你能看見、聽到、感覺到、品嘗、觸摸或者聞到的，都是當下時刻的一部分。而你是另外那一部分。當你回到和已經處在當下的一切同在的狀態時，這些單獨的部分就被帶到了一起，整體就被復原了。

你可以閉著眼睛臨在

你可以閉著眼睛，與你呼吸著的身體臨在。你可以和一刻接著一刻聽到的聲音臨在。你可以和空氣接觸面龐的感覺臨在，或者和椅子支撐你後背的感覺臨在。你可以和身體內的各種生理感受臨在，比如刺痛，或者發癢。

你可以和升起的感受臨在，只要你不捲入感受所攜帶的故事裡面，否則，它會把你帶出當下時刻。

你可以和當下升起的念頭臨在，只要你不進入到念頭的內容裡面。你可以和內在的祥和感臨在。你也可以和擴展的感受臨在。

只要你和實際在此刻此處存在體保持臨在，那麼，這個存在體是什麼並不重要。

不起眼的門把

一支不起眼的門把，把你帶入本體的力量大於世界上所有的靈性著作。原因很簡單，因為你可以和它臨在。它不會把你帶入頭腦的世界，不會用靈性概念和修煉方法填滿你的頭腦。它對進入當下時刻的邀請是即刻的，而且你回應這份邀請的唯一時間是「現在」。

菩提樹下

有一個人，坐在一棵美麗的菩提樹下，花了數月的時間來閱讀世界上偉大的靈性著作。

一天，菩提樹開口和他講話。

「你為什麼要看有關耶穌、佛陀和奎師那的書？」樹問，「我有使你解脫的鑰匙！那些書可以使你博學，但不會使你覺醒。」

這個人著實吃了一驚。

「我不理解。」他說，既害怕又興奮。

「書裡的那些話會把你帶入你的頭腦。」樹解釋說，「它們會使你的思維過程活躍，於是你會更加遠離當下時刻和生命的實相。你會把自己帶到更深的分離裡面。」

「請繼續！」他說，看上去有一絲困惑。

「如果你願意選擇和我全然地臨在，」樹說，「那麼，你的念頭會停止，過去和未來會消失。你會覺醒進入合一與生命的實相。你會明白我是化身為樹的神。藉由單純地和我全然臨在，你在書裡所尋找的一切就會顯露給你。」

這個人笑了。

「這正是這些書裡寫的。」他說，「很明顯，我就是走在正軌上。」

然後，他就繼續看他的書。

在花園裡散步

到戶外去，圍繞著花園開始漫步。去和一朵花臨在，再和一棵樹臨在，然後再去和另外一朵花臨在。每次只和一樣東西臨在，不過，同時也要有整個花園都和你臨在的感覺。

重要的是，你要真實而且誠摯。你在和樹木、鮮花分享臨在的禮物，而它們也在和你分享臨在的禮物。這是一次神聖的體驗。

如果你願意，你可以告訴樹木或者鮮花它們有多麼的美麗。你可以說你是多麼地愛它們、欣賞它們。或者，你就保持沉默。當你在花園裡散步時，要非常地專注。去觀看每樣東西的細節，而沒有任何念頭。

如果你在花園裡的時候確實是臨在的，你會開始感受神在每一朵花、每一棵樹裡面的鮮活顯現。

用餐

把眼睛閉上，開始覺察正在呼吸著的身體。聽一聽聲音，聞一聞食物。當你感到臨在時，睜開眼睛，看看盤子、杯子、刀叉以及面前餐桌上的其他東西。如果你是和他人一起用餐，在給彼此遞送食物和水時，要非常緩慢並充滿愛地去做。

讓用餐的地方充滿一種永恆感，一種神祕感。

帶著深深的感恩，開始吃第一口食物。緩緩地把叉子移向盤子，然後再緩緩地把食物放到口裡。像從未吃過東西那樣地品嘗食物。讓這一口成為你生命中所吃的第一口食物。盡情享受每一種美味。慢慢地、有覺知地去咀嚼，在咀嚼中全然臨在。在你的味覺和嗅覺中全然臨在。

你會很驚訝地發現，像吃飯這樣如此簡單的一次體驗也充滿了神聖。

有覺知地動作

如果你確實是臨在的，覺知就在你的聆聽裡，覺知就在你的觀看裡，覺知就在你身體的微細動作裡。只是大多數人是沒有那麼臨在或覺察而已。

太極的真實目的在於說明，你把覺知帶到你的身體以及身體的動作上。不過，你不必練習十年的太極來達到這個目的。

當你下次撓頭，或者是翹腿的時候，就和身體的動作全然臨在吧。有時候，動作慢下來會很有幫助。當你把全部覺知和臨在帶入你的身體和身體的動作上時，你會開始覺得自己像一位佛。

這讓我想起了一則古老的禪宗公案。據傳，佛陀正和他的弟子們在一起坐著，有一隻蒼蠅圍著他的頭嗡嗡地飛個不停。佛陀只優雅地揮了一下手臂，就把蒼蠅趕走了。大概五秒鐘之後，佛陀又揮了一下手臂，比前一次更加優雅，但是這次卻沒有蒼蠅。

一位弟子注意到了佛陀的舉止。

「請問，師父，」他說，「您第一次揮手臂的時候，是因為有隻蒼蠅在那裡。但是第二次您揮手臂時，蒼蠅並不在那兒。懇請您對此開示！」

佛陀沉默片刻後回答。

「我注意到了第一次揮手臂的時候，我沒有完全地臨在、有覺知。我第二次揮手只是想糾正一下第一次的動作而已。」

如果你能像佛陀在這則公案裡所展現的那樣，精進、堅定不移地，致力於臨在、處在覺知中，你很快就會覺醒來到你內在的佛性層面。

然而，我們大多數人實在是太懈怠，或者太渙散了，臨在和覺知就沒能成為我們的首要任務，所以我們也就沒有覺醒。

選擇

每一刻你都有一個選擇。你選擇在當下時刻的生命實相裡，還是在思考頭腦的虛幻世界裡？藉助輕柔地復歸，你可以選擇臨在。

你沒有試圖停止思考。你沒有試圖逃避頭腦。你也沒有試圖開悟。你選擇臨在，只是因為當下時刻是生命的實相，並且你有做這個選擇的自由。

當你選擇當下時刻時，你的頭腦會沉寂。放鬆進入寂靜，深入本體，去享受神在當下時刻給予你的一切吧。去享受當下這一刻的圓滿和豐盛吧。

如果念頭闖入了

如果念頭闖入了，只是單純地承認念頭升起了即可。允許念頭在那裡，但不要參與進去。如果你把覺知帶到念頭上，它們就會停止。念頭在無覺知的環境中興盛。在有覺知的環境裡，它們會消失進入空無。

你千萬不要試圖阻止念頭，因為這是念頭在試圖阻止念頭，這只是Ego使你離開臨在的伎倆。

當念頭升起時，只是看著自己的頭腦是怎麼活動的，然後輕輕地回到此刻和自己同在的某事（物）上。如果過了幾秒或幾分鐘，念頭又來干擾了，就重複這個過程。承認念頭，輕輕地與它分開，再回到臨在。

當你深入臨在時，觀照念頭的升起就比較容易了。如果沒有批判或者抵抗的能量，你的Ego最終會鬆弛下來並停止思考。

思考是必須的嗎？

如果你把每天實際需要和適合思考的時間加在一起，你可能會發現總共也不會超過二十分鐘。有時候，如果你工作很忙，或者你有好多需要你必須動腦筋才能去做的工作，你的思考時間會超過這個長度。但是，如果你仔細觀察，你會發現自己大多數的思考是不必要的，而且這些思考的結果只是在製造焦慮，或者把你留在某些過去的記憶或未來的想像裡。

一天當中，你完全不需要思考而讓自己臨在的機會非常多。

你在洗碗的時候，為什麼需要思考？在洗澡時，為什麼需要思考？從車庫走到廚房，你為什麼需要思考？你知道怎麼從車庫走到廚房，你根本不需要去想！

自言自語

每當你思考的時候，你其實是在和自己對話。但是，誰在講話？誰在聆聽？對話的意義又何在？

實際上，這是瘋狂的一種表現形式。但由於大家都迷失在思考裡了，這看上去也就很正常了。

如果你看到有人在大街上邊走邊大聲講話，你會認定那個人是瘋子。當你走在大街上腦子在東想西想時，你和那個瘋子的區別僅僅在於你學會了一聲不吭地自言自語，而你把這稱之為思考。

下次當你注意到自己在思考，而你又不是有覺知的去主動思考時，試著把思考的內容大聲地說出來，把整個對話曝光。不要批判它，不要譴責它，更不要試圖阻止它。只是注意它。這會相當有趣。你絕對不再需要聽廣播的節目了。你在自己的腦子裡就有自己的脫口秀。

觀看念頭

當你足夠深地駐足於本體時，你可以看到念頭的升起。你沒有試圖阻止念頭。你知道任何停止念頭的嘗試都是在強化思考過程，而且會把你更深地帶入頭腦。既不迎合念頭，也不要反對念頭，你只是看著它們如是的樣子。

思考靜心

如果念頭持續不停，使你很難臨在，也不要去掙扎。切勿和念頭對抗。只是放鬆下來，跟著念頭走，和念頭合作。坐下來，做思考靜心。

花上十五分鐘的時間，有覺知地去思考。去和每一個念頭臨在。大聲地把念頭說出來，要完成每一個念頭。

極有可能的是，念頭不會停留三十秒以上。但如果超過了三十秒，你就放鬆下來享受這個靜心。

你會很驚訝念頭要把你帶向哪裡。你會很驚訝念頭把你帶離當下有多麼遠。你會很驚訝大多數念頭有多麼零亂不相干。你也會很驚訝地發現這些念頭的本質是隨機、雜亂無章的。停止念頭的關鍵是完全不與你的念頭對抗。這樣，回到臨在就很容易。

尊崇當下時刻

你臨在的頻率並不重要。一天有五分鐘的純粹臨在就會轉化你的人生。重要的是，你是否尊崇當下時刻為生命的真相。這是很親密的事情。你要以自己的獨特方式，向當下時刻表明你在尊崇它為生命的真相。

這就跟戀愛一樣，你越對當下時刻以及它所包含的一切表現出你的愛和欣賞，它對你就越敞開。

當下時刻並非幻象

許多靈修傳統都堅信我們居住的物質世界是一個幻象。這可毫無裨益！從頭腦中解放出來的唯一方式，就是與此刻此處和你在一起的某個事（物）同在。如果這一切都是幻象，那麼你會與什麼臨在呢？

之所以會有這樣的混亂認識，是因為在本體的最深層面，形相體看上去會消失，進入光或者純能量。當這種情況發生時，你正在進入一切存在的本質之內。你所體驗的已超越了形相。你體驗到的是純粹覺知，也就是萬事萬物升起的源頭。但這並非意謂著形相體是幻象。這只表明形相體是通達較深層次的大門。有形相者與超越形相者，本是同一，無二無別。

另外一種表述是，神既是造物主，也是被創造之物。把自己帶入與被造物臨在，你就會了知造物主。

神的身體

有物質形體的一切都是神的身體。把自己帶入和神的身體臨在，你會開始體驗神在一切存在體內的鮮活顯現。

臨在很簡單

臨在和全然覺醒很簡單。這是即刻的，不需要練習。只是一個輕柔地復歸。但是，要在每天的生活以及人際關係裡保持臨在則並非易事。大多數人只能保持短時間的臨在狀態。很快，他們就不自主地被拉出本體，重新回到了頭腦的世界。

這就是為什麼需要覺醒兩步舞中第二步的原因。我把第二步稱為「做功課」。

第三章

覺醒的第二步

能夠臨在還不夠，
你還要成為主宰。

第二步　主宰

覺醒之舞的第一步，通向臨在；第二步，成為主宰。

如果你不斷地、不由自主地被帶到過去或未來的頭腦世界，你就沒有獲得自由。你還沒有醒來。為了徹底覺醒，你必須要成為主宰。你必須要成為自己頭腦和Ego的主人。

第二步舞是要覺知你被帶離臨在的各種方式。

把你拉進頭腦世界的鉤子都是什麼？是什麼在阻礙你永久性地從根本上駐足於本體？在解決掉這些問題之前，除了偶爾有片刻的清醒，你怎麼可能徹底醒來？

為了簡潔明瞭，第二步被分為四個部分，因為有四個重要的原因，致使你不斷地被拉出臨在，回到頭腦的世界。第一，Ego的抵抗；第二，否認變化了的自己；第三，來自過去的、被壓抑下去的情緒感受；第四，與他人的纏縛。

Ego的抵抗——完全覺醒的第一個障礙

在日常生活和人際關係裡，難於在根本上保持臨在的首要原因與Ego有關。

如前所述，Ego有兩個維度。當你迷失在頭腦裡和當下時刻失去連結時，你是作為Ego生活在世界上。

但是，Ego還有另外一個維度。這個維度的Ego在時間的世界裡管理和掌控你的生活。它是分離的監護者。

如果你要覺醒，你必須要覺察到自己迷失在頭腦裡，以Ego運作的各種方式。而且，你還要覺察到Ego把你禁錮在它的分離世界裡的所有方式。

Ego控制著人類的生活，它對臨在的抵抗是人類迷失在危險的幻象世界中的主要原因。

如果你碰巧找到了真正的覺醒方法，即：透過當下時刻之門而覺醒，Ego就會激烈地進行抵抗。它害怕未知，而且它永遠不知道當下。Ego永遠無法臨在。當你臨在並覺醒進入生命的實相時，它不想被遺棄在無休止的黑暗中。

Ego極其善於引誘和欺騙你。它有一袋子的詭計，而且它不停地用這些詭計把你從本體中引誘出來進入到頭腦的世界。

Ego的形成

當你降生到人間這個物質世界上時，儘管你只是個嬌小的嬰兒，你也是全然臨在的。然而，你所進入的這個世界，大多數人包括你的父母在內，都是在頭腦這個限制性的世界裡生活和運作。在很大程度上，他們是無覺知的，他們沒有全然臨在。

結果是，你一次又一次地受到了傷害。你的需求本來可以幫助你放鬆並使你感到安全，但是這些需求沒有被滿足。你試圖以發怒的形式來得到自己想要的東西，但這也不被允許。

這些對你而言實在難以忍受，於是Ego就形成了，以保護你免受這些艱難感受的折磨。從本質上講，Ego是你的保護者。它是你內在體驗的監視者。同時，它也負責你與外部世界的互動。

它在你生命中的第一個任務，是壓抑所有痛苦的、不愉快的，以及不安全的感受，諸如需求、受傷和憤怒。它的意圖是要使你對排斥、自卑和孤立的體驗降到最低。然後，它為你制定出各種策略來應對這個沒有人真正臨在的、無覺知的世界。

隨著這個過程的進行，過去在你的內在開始積累起來。同時你慢慢地被吸納到頭腦的世界裡，就像你父母在很多年以前所經歷的那樣。

最初，Ego出現在你的生命中只是你的保護者。但是，為了要成功履行它的職責，它必須要控制你生活的各個方面。Ego只能對它所知曉的進行掌控，而它所知曉的一切都來自於過去的記憶，或是對未來的想像。Ego唯一所不知道的；不僅過去不知道，現在也同樣不知道，那就是當下時刻。因此，它會阻撓任何進入本體的動向。

為了要盡職地當好你的保護者，它必須要把你禁錮在它那分離的世界。即使你確實臨在了，它也不會允許你待在裡面。

隨著你長大成熟，Ego也越來越強大，越來越世故，真實的你和Ego之間的區別也越來越模糊。經過一段時間之後，Ego認為它就是你，於是這場遊戲就從保護你變成了保護它自己以及它在你生活中所扮演的角色。它開始對權力和掌控上癮，而且很不情願放棄這份掌控。

Ego在人類生活中變得如此具控制力，以至於它現在成了人類覺醒的主要障礙。

一袋子的詭計

Ego極其擅長把你禁錮在過去和未來的頭腦世界。它有一袋子的詭計可用來誘惑你、欺騙你或慫恿你進入它的分離的世界。

Ego用責怪、憤恨、愧疚和悔恨的能量把你困在過去。如果你認同這其中的任何一種能量，或者相信它們的故事，你就會發現自己被鎖在了痛苦的過去。這就正中Ego的圈套，因為這樣它才可以繼續控制你的生活。

但是，Ego的世界也是想像中的未來。它有一個非常簡單卻很精明的伎倆，而這個伎倆幾乎把全人類都成功地束縛在那永遠不會到來的未來裡。你能猜出它的伎倆是什麼嗎？那就是許諾你在未來獲得成就！這個許諾讓我們內心充滿欲望和期待，會把我們的注意力集中在未來而離開當下時刻。

我們都像孩子似地落入了這個騙局。除非我們識破這個簡單的伎倆，並認識到只有當下時刻可以讓我們成就，否則我們就永遠不會覺醒。

在未來開悟

Ego也用「在未來會開悟」的許諾來誘惑我們。如果你按照某個靈修方法去修煉、打坐、閱讀靈性書籍，或參訪靈修大師，你最終就會覺醒。但這是個虛假的承諾。你能覺醒的唯一時間是「現在」。而好消息是，當下時刻一直不停地向你重複展示它自己。它永遠不會放棄你。它一直帶給你臨在的機會。

警惕 Ego

如果你要擺脫頭腦的暴政和束縛，那麼對 Ego 的所作所為就必須要非常警覺，絕不要與 Ego 有任何形式的作對。只是如實地看著它在製造什麼。你不能去阻止它。你能做的就是要觀察它，而且要看穿它。這也是 Ego 所需要的。它會不停地考驗你，直到你成為主宰，而它再也無法欺騙或愚弄你為止。Ego 很狡猾，它需要知道你已經看穿它了。

你只有充分地植根於本體，才能觀照 Ego。否則，那就是 Ego 在觀察它自己。如同一條狗在追逐著自己的尾巴。而你是不會覺醒的。

覺醒的本體與Ego的區別

了解覺醒的本體和Ego之間的區別是至關重要的。臨在有一個簡單的測試，如果你確實是臨在的，你的頭腦就是寂靜的，不會有念頭。這就是臨在的測試，沒有半點商量的餘地，除此之外的一切均是Ego。

如果有念頭升起了，這就是Ego參與進來的跡象。如果你在觀察自己，那就是Ego在觀察。如果你在評論自己的靈性進展，那就是Ego在評論。這些仍然是二元對立：有觀者和被觀者兩個部分。

在本體裡，你是在合一當中，你已經超越了二元對立。你在寂靜裡，只有在寂靜的本體裡，你才能夠觀察Ego。只有在寂靜的本體裡，你才能帶著愛、接納和慈悲與Ego相處。只有在寂靜的本體裡，你才能完全沒有批判。如果Ego發現你還有任何蛛絲馬跡的批判，它就不會釋放你。

Ego不會輕易釋放你

Ego存在於思想的範疇內。它的存在與運作是以過去為基礎。你過去的痛苦和所有未被滿足的需要，給了Ego正當的理由以保護者和掌控者的角色出現在你的生活中。

如果你臨在了，你的過去就消失了，痛苦和未被滿足的需要也一同消失了。那麼，Ego在你生活中的作用會是什麼？如果你覺醒了，讓Ego正當存在的「過去」就已經不在這裡了。Ego的權威地位就受到了威脅，所以它會抵抗臨在，它不會允許自己變得無足輕重。

Ego害怕當下時刻，還有另外一個原因。

隨著你更加全然地臨在，你駐紮在身體內的時間會更多，你會開始感覺到儲存於體內的所有在過去被壓抑下去的感受。

但是，這樣就使Ego那麼多年來一直費盡心機要完成的一切前功盡棄。自你童年的早期開始，一直到你去世的那一刻，Ego就一直在壓抑你所有的痛苦感受並運營著它的生存策略。

它不會輕而易舉地放棄自己所扮演的角色。

使Ego更為害怕的是，如果你全然臨在了，念頭就會停止。而Ego存在於思想的範疇內，它的世界是思維頭腦的過去和未來的世界。如果念頭停止了，Ego感覺它正在消失。

從你的角度看，進入當下時刻就是進入生命。然而從Ego的角度，進入當下時刻感覺就像是死亡。它感覺它要消失不存在了。而且情況也確實如此，至少在你全然臨在的那些時刻、那些分鐘、那些小時或者那些天裡，Ego就是不在了。

所以，Ego會頑強抵抗你進入臨在的舉動。它不會允許自己的一席之地被剷除。它不會允許自己死掉。

你無法打敗Ego

只要Ego相信你覺醒時它就會死，它就不會釋放你。只要你對Ego有任何批判或試圖把它從你的生活中除掉，它就會抵抗臨在。

在許多的靈性教導裡，都有這樣的暗示，即：覺醒或開悟後，Ego就被扼殺了。開悟被暗示成會導致Ego的死亡。這種教導極度無益。你不可能打敗Ego。在人類歷史上，從未有人打敗過Ego。佛陀沒有！耶穌沒有！任何人也沒有！

與Ego的正確關係

抗拒和批判使Ego興盛。排斥和反對使Ego興盛。唯一能夠使Ego放鬆和臣服的，是愛和接納的能量。你能夠做的就是無條件地去愛和接納Ego，接納它的那些小把戲、操縱方式，還有慫恿和迷惑你的各種計謀。

你必須要覺察到Ego抵抗臨在和試圖把你引誘到頭腦世界裡的各種方式，而且你必須要帶著愛、接納和慈悲去做。

而這一切只有當你臨在的時候才能夠做到。

當你迷失在頭腦的世界裡以Ego的方式運作時，你在尋求愛和接納。不過，你是在向自身之外尋求。你是在他人那裡尋求愛和接納。你找錯了方向。你不會在他人那裡找到自己所尋求的一切。

獲得無條件的愛與接納的唯一方法是轉向內在。能真正滿足和療癒你的唯一關係，是Ego與覺醒的本體之間所建立的內在關係：Ego生活在時間之內，而覺醒的本體是你完全臨在時的狀態。在這個內在關係裡，沒有一絲一毫的批判，因為在本體的覺醒狀態裡，批判根本就不存在。

作為一個正在覺醒的人，你自己要決定把愛、接納和慈悲的能量帶給Ego。隨著Ego放棄它的抗拒，你會發現保持臨在變得容易了。你的生活將會出現一個驟變點；你的念頭會完全停止，而且你的頭腦可以在長時間內保持寂靜。

Ego無法覺醒

你的Ego越是努力地去開悟，你受的苦就會越多，因為Ego在試圖得到它不可能取得的成就。

這幾乎是每個靈修的人常見所犯的錯誤。Ego在竭盡全力地去覺醒。它在每天打坐，從事各種靈性修行方法，做各種儀式，燃點香燭，參加閉關靜修，研讀經典，親近各種不同門派的老師。儘管Ego如此努力地要開悟，但仍然不會成功。

Ego永遠不可能臨在。它永遠不可能覺醒進入生命的實相。Ego的世界是頭腦的世界。是以過去為基礎並向前投射進入未來所形成的。它本身的存在完全依賴於思想。Ego覺醒的努力只能把你帶入未來更深，離當下時刻更遠。

但是，如果你的Ego能夠看清自己的困境而放鬆下來，它就會把你從頭腦中釋放出來進入本體。Ego必須停止要開悟的嘗試。一切努力都必須停止，所有的嘗試也必須停下。然後，只是一個輕柔地放鬆，你就進入了當下時刻。現在，你在這裡了！你覺醒了，至少是在你全然臨在的那些時刻。就是如此的簡單。

否認變化了的自己——完全覺醒的第二個障礙

在飽經時光與分離的漫長之旅上，否認變化了的自己，是在日常生活及關係中難於保持臨在的第二個原因。

只要你否認變化了的自己，你就不會發現真實的自己。只要你否認變化了的自己，你就無法安住於本體。

作為生活在地球上覺醒的存在體，你是寂靜、臨在、愛、接納和容許。你是慈悲。你完全沒有恐懼或批判。你不僅擺脫了過去的所有創傷和限制，也擺脫了對未來的焦慮。你寧靜祥和、心如止水、不浮不躁。你明晰、強大。你的內在賦予你力量。你反應敏捷，自然應對。你心懷感恩，慷慨大方，而且你的生活會恆常地感受到世界的極度富有。你存在於合一裡，在感受著神在一切存在體之內的鮮活顯現。

你輕盈地行走在大地上。你的生命就是誠信與恩典的展現。

當你被困在頭腦的世界裡，以Ego在地球上運作時，你就已經不是我剛剛所描述覺醒的存在體了。

你變成了誰？我們都變成了誰？

我們集匱乏、貪婪、恐懼、控制、操縱、嫉妒、怨恨、憤怒以及責備於一身。我們滿懷期待，而當那些期待未被滿足時，我們就憤憤不平。我們充滿了對自己和他人的批判。我們深陷於過去而不能自拔，迷失流浪在未來裡而不自知。我們渴望成功，並害怕失敗。我們不可救藥地迷失在彼此之內。我們慣於摒棄責任，卻怨天尤人，滿腹愧疚。在二元對立的世界裡，我們極度地失去了平衡。我們恐懼死亡，我們害怕失去，我們懼怕未知。我們無一例外地執著於人和物。我們甚至執著於自己的苦難。我們覺得不被愛，覺得不被接納。我們拒絕感受自己的痛苦，於是我們就去給別人製造同樣的痛苦，以此來逃避感受自身的痛苦。我們迷失在一個幻象的世界裡，卻堅信這個世界是真實的。我們利用一切。我們誤用一切。我們濫用一切。

變化了的你是通向「真實的你」的大門！覺醒的一個最重要的關鍵，就是要擁有、承認和坦白自己在頭腦和Ego層面的變化。你無法回避已經變化了的自己。你無法將其隱藏起來。你無法繞過它。你無法修正它。你無法改變它。

你要做的就是照鏡子。生活就是一面鏡子，在不停地映照出那個變化了的你。你的各種關係也在不停地映照出那個變化了的你。

但是，你必須要願意去照鏡子。如果你確實向鏡子裡面望去，你會看到什麼？

你是個受害者嗎？你是個發牢騷的人嗎？你在生氣嗎？你內疚嗎？你心懷恐懼嗎？

你是否一生都在取悅別人，而忘記了自己究竟是誰以及自己想要什麼？你是否仍有未被療癒的舊時的情緒創傷，並把它投射到當下時刻之上？

你對自己、他人，以及生命都有哪些限制性的信念？這些限制性的信念，在很大程度上決定你變成了什麼樣的人。

在關係裡你是什麼樣？你控制欲強嗎？你操縱他人嗎？你誠實嗎？你關心、支持他人嗎？你知道怎麼表達愛嗎？你利用他人嗎？你虐待他人嗎？你是不是有一肚子的批判看法？你是不是滿懷期待和怨恨？你是不是一個裝扮成大人的小孩？你是否在把你和母親或者父親的關係投射到你的妻子或丈夫身上？當你不能隨心所欲時，你有什麼表現？

你允許自己感覺自己的感受嗎？你負責任地表達自己的感受嗎？你是怎樣逃避自己的感受的？你為自己內在升起的感受負責嗎？還是譴責別人並讓他們為此負責？

如果你要從頭腦的世界裡解脫出來，你必須要接受、承認，並坦白自己各個方面的變化。而且，你必須要沒有批判地去做。

這樣做並非困難。只是要讓自己柔軟、敞開。要誠實，要真摯。如果貪欲升起了，就去認出它、接受它，並坦白它。對著一個不批判你的人去坦白。如果你找不到不會批判你的人，就去向神坦白吧，神就存在於你內在寂靜的最核心處。

「神啊，我剛剛注意到心裡有貪婪的能量在升起。哇！我真的很貪婪啊！神，我向您坦白。神，我不去批判或者排斥這股能量。我只是單純地承認它的存在。但是，我現在選擇離開這股貪婪的能量，並回到本體。我不會允許這股貪婪的能量把我帶向黑暗與分離的深處。神，我現在更加清醒了。我更加臨在了，所以，我能從本體的角度很容易地看到在頭腦和Ego層面那個變化了的自己。」

對於你其他方面的變化，也同樣如此。在你批判自己或他人時，要有覺察。要去注意你控制自己和他人的各種方式。要去注意你如何需要自己是正確的。要去注意你如何讓自己成了一名受害者。

不管你內在升起的是什麼，你都要去接受、去表達、去坦白，然後離開它，回到本體。

你變成的樣貌並非是真實的你。然而，你無法覺醒進入真實的你，除非你願意去接受、接納、表達和坦白變化了的自己。

如果你要安住於本體，你就必須要穿過這道有趣且富有挑戰性的大門。

壓抑著的感受——完全覺醒的第三個障礙

在某種程度上，你的內在還有來自過去被壓抑下去的情緒感受，你就無法從根本上臨在。

這些被壓抑的感受會不斷地被觸動，當它們被觸動時，你就被拉出了當下時刻而進入了過去的體驗，於是，你把這體驗投射到當下時刻之上。此時，你就已不在生命的實相中了。你退行到了過去，卻對此毫無覺知醒察。

即使這些感受未被觸發，它們仍然在過濾並扭曲你對生活的體驗。

壓抑感受的過程在你童年早期就開始了。作為兒童，你非常需要父母與你臨在，但是你的這個需求未被滿足。在很微妙的層面，你覺得自己很孤立，不合群。你需要你的父母無條件地愛你、接納你，然而在很大程度上，你的這些需求也未被滿足。

由於你的需求未被滿足，你一次又一次地覺得受了傷害。於是，你以生氣來回應感受到的傷害。很快地，你發現需求、受傷以及怒氣這些感受，要麼是太過痛苦而無法承受，要麼就是不被允許。於是，在Ego的協助下，你開始在自己的內在壓抑這些感受。

這些感受就逐漸地在體內累積而形成了被壓抑感受的儲存庫。

被壓抑著的情緒儲存庫

在你的內在，有各種被壓抑著的情緒所形成的儲存庫。有寂寞和孤立的儲存庫。有需求未被滿足的儲存庫。有受傷、難過和痛苦的儲存庫。還有被壓抑著的怒火的儲存庫。

這些感受會滲透到你的日常生活中。它們會扭曲你的自我感，並對你和他人的關係產生不良影響。有時，它們被激烈地觸發了。這些感受的堤壩就決堤了，你就會被感受的洪水淹沒，而這些感受和當下時刻卻毫無關係。有些人不斷地受到這些過去的感受的沖刷，而使他們的生活充滿了不必要的困苦。

如果你感到有些寂寞，這是需要陪伴的信號，僅此而已。這並非意謂著你必須要找一個人去結婚。作為一個順應、覺醒的成年人，你可能會打電話叫個朋友一起去吃午飯。這只是一個小小的寂寞感，需要一個適當的、成年人式的回應而已。

不過，如果這個小小的、寂寞的感覺，打開了你內在那個寂寞與孤立感的儲存庫的閘門，你就會突然被孩童時的感受所壓倒。於是，你不是給朋友打電話，而是退縮了。在無覺知層面，你認為沒有人愛你，沒有人需要你，你覺得自己是個失敗者。你感覺羞恥，要躲起來，希望人們不要看到你這副模樣。

受傷和憤怒這兩種感受也是如此。感到受傷，所表明的是你沒有得到自己想要的，或者得到了自己不想要的。憤怒向你表明的也是這些。要回應這些感受，你本應該平靜地、溫和地提出自己要什麼，或清楚地表達出自己不想要什麼。

但是，如果這些感受被來自過去的受傷或者憤怒淹沒，你就無法恰當地去回應了。你已不再是那個臨在的、有承擔的、順應的成年人，而是一個受傷的小孩，像兒時那樣地做出反應：要麼退縮、生悶氣，要麼非常地憤怒、滿懷指責和怨恨。

你必須要清空這些被壓抑著的情緒儲存庫，以便能夠深入本體，並能在日常生活和各種關係裡從根本上保持臨在。

清空儲存庫

如果你要覺醒，並且要永久地安住於本體，就必須要把壓抑感受的過程逆轉過來。你必須要有覺知地、負責地把所有壓抑在內的情緒表達出來。

一旦你學會了全然臨在的藝術，並和自己的感受建立了正確的關係，這樣做並不困難，也不應該需要很長時間。

在接下來的幾天裡，每天在你早上起床前和晚上睡覺前，唸下面的祈禱詞：

「親愛的神，我一心祈請深入本體、愛、真理與合一。如果我有任何壓抑下去的感受在阻礙我深入本體、愛、真理與合一，祈請您精心調配我的生活，讓這些感受得到觸發，使它們上浮進入覺知並被負責地表達出來，以便得到療癒、完整和釋放。」

當情緒上浮時，重要的是你不要試圖除掉這些感受。你只是邀請它們上浮，並真摯地表達它們。

這些感受會帶著過去的故事一起上浮。要允許故事浮現，但是不要相信它。

就好像你在同時扮演兩個角色。

一個角色的你，欲望如壑、難過、受傷、憤怒或指責，而且你要徹底地、真實地把這些都表達出來。你的另一個角色是，在這些感受升起時，要全然地臨在。當這些感受自你內在上浮時，你在目睹整個事件，而且你知道這一切與當下時刻沒有任何關係。你知道這只是過去在浮現出來要完整它自己。如果還有什麼的話，那就是整個體驗會使你微微感到好笑。

這並不是心理治療。你既沒有試圖修復什麼，也沒有試圖除掉什麼。你只是在糾正你在孩童時所做的那個要壓抑艱難感受的決定。你是在恢復這些感受所應有的存在權和表達權。

不過，作為一個正在醒過來的存在體，你會負責任地去做。負責任地表達憤怒會導致大笑。如果悲傷升起了，那就哭吧。它會很快過去而被喜悅所取代。

當下升起的感受是你的朋友

完全清空被壓抑情緒的貯存庫應該只需三個月左右，肯定不會超過一年的時間。之後，你就能夠與當下升起的感受進入一個嶄新的關係，而不會與過去有任何關聯。

當下時刻升起的感受是你的朋友。它們是信使，在告訴你如何適當地應對當下正在發生的任何事情。

如果你感覺餓了，就去吃！如果感覺渴了，就去喝！如果你感覺有點寂寞，就給朋友打個電話！如果你和朋友們在外面，覺得難以忍受了，那就離開。給自己一點空間！這沒有什麼複雜的。你的感受是引導你一刻接著一刻，如何去回應的線索和信號。

所以，要去回應（respond），而不是反應（react）。只要沒有來自過去被壓抑的情緒湧入，扭曲你對當下時刻的體驗，事情就會非常簡單。

與他人的纏縛——完全覺醒的第四個障礙

覺醒，意謂著我從過去和未來裡解脫出來，完全融入了當下時刻。這也意謂著我擺脫了和他人的纏縛，完全回到了我自己。如果我和你糾纏在一起，我怎麼能知道自己是誰？如果你和我糾纏在一起，你怎麼能知道你自己是誰？如果我們要覺醒，就必須要從彼此的纏縛中解脫出來。

我所說的「與他人的纏縛」，是指什麼？

如果我要你愛我，或接納我，我就和你糾纏在一起了。如果我想讓你認可我或同意我，我就和你糾纏在一起了。如果我試圖取悅你以便得到你的接納，我就與你糾纏在一起了。如果我害怕你的批判或否定，我就和你糾纏在一起了。如果我害怕你拒絕我，我就和你糾纏在一起了。如果我操縱你或控制你，我和你就糾纏在一起了。如果我替你負責，我就和你糾纏在一起了。如果我批判你、指責你，或怨恨你，我就和你糾纏在一起了。

事實是，我們都無可救藥地互相纏縛在一起了。我們都無可救藥地迷失在彼此之內了。

交出自己的力量

如果有人喜歡你、認可你，或接納你，你會感覺很不錯。你會心高氣昂，你覺得自己很有價值。但是如果他們不喜歡你、不認可你，或者不接納你，你就崩潰。你覺得自己一文不值。以這種方式，你就已經把自己所有的力量都交了出去。你已經無望地和他人糾纏在一起了。

掙脫與他人的纏縛

要把自己從纏縛中解脫出來，你必須要清醒地看到自己迷失在他人那裡的各種方式。

每當你注意到自己在尋求他人的愛、接納或認可時，你就必須要接受、承認，並坦白自己正在把力量交出去這一行為。如果你在努力取悅他人以求被接納，要不帶批判地去接受、承認和坦白自己的這種行為。

憤怒被玩耍地、負責任地表達出來後，可以成為一股幫助你重拾自己力量的解放力。

安吉拉與取悅男人

一個週四的晚上，我在麻林（Marin）剛剛做完演講，主題是覺醒和真實對待自己的必要性。我注意到有人在抽泣。這是一位很迷人的四十歲出頭的女士，名字叫安吉拉。

「就讓感受上來吧，」我說，「沒關係的。就讓感受上來。」

透過淚水，她抬頭看著我。

「你為什麼流淚呢？」我問她。

「我父親。」她答道。

「你父親怎麼了？」

「我曾用好多年來取悅他。他很殘酷。」

「你做到了嗎？你終於讓他高興了？」

「沒有！」她回答，帶著一些絕望。

她的問題即刻就清楚了。在她努力取悅她父親、要獲得他的接納和認可的過程中，她學會了把自己的力量和自我感交了出去。這是我們失去自己、變得軟弱無力的主要方式之一。這會進一步發展成一種纏縛的模式，而且會很難解開。

「你努力取悅你父親那麼多年，卻沒有一點效果。如果你父親在這裡的話，你想對他說些什麼？」我問她。

「我努力讓你高興，但是我沒能做到。我做不到。」

她在懇求。她的聲音是個十足的受害者的聲音。

「如果你要解放自己，你是不會這麼說的。」我告訴她。

「我努力了！我非常地賣力！」她說，試圖找到合適的字眼。

她的語調還是帶著懇求和無助。

「不是這樣的！」我很直接地告訴她。

她開始明白過來，在她的一生中，她一直都是以這種方式對待她生活中的所有男人。

「我結婚二十年，不管我怎麼努力，都無法取悅我的丈夫。我最近的一次親密關係剛剛結束，他突然就離開了我。」

「你試著取悅過他嗎？」我問她。

「是的。」她透過淚水回答我。

她的哭泣變成了抽噎。她在感受她生活中的男人們不愛她的噬骨之痛。不管她怎麼努力地去討好他們，去贏得他們的認可，可就是不成功。

我繼續追問她。

「在你用那麼多年的時間來討好他，卻仍然得不到他的認可的情況下，你對這個男人說什麼？你會對他說什麼呢？」

「我愛你，但這沒有用！這沒有用！」她抽泣著說。

「不！不是這樣的。」我冷淡地說，儘量不表現出慈悲。

「我那麼努力。」

「不，不是這樣。」

我看著觀眾。

「我不知道值不值得在這裡坐上一兩個小時，直到她明白過來為止。」我跟觀眾們開玩笑地說。

大家都笑了，包括安吉拉在內。當笑聲過後，沒有等我催促她，她又嘗試了一次，她決心要做對。

「我無法取悅你。」她有些堅定地說。

「不是。不是這樣的。」

她再次努力地去搜索能給她力量的詞彙。

「我不知道怎樣取悅你。」她試探性地說。

觀眾席中傳來一聲深深地歎息。大家都急不可耐地想給她提示。

「不是這樣的！」我說，「我再給你兩分鐘的時間去找答案，然後我們就結束。如果你還做不對，我很可能就把你打發掉，讓你用二十五年的時間去尋找答案。你會在一個又一個的關係裡，努力取悅你的男人，但永遠不會成功。」

「不。我必須要做對。」她抗議道。

「我再問你一次這個問題。你對一個不管你怎樣努力也無法取悅的人，說什麼？如果你要讓自己很有力量，你會說什麼？」

「你不可能被取悅？」她看著我說，徒勞地希望這也許是個合適的回應。

整個房間迸發出大笑。

「不是！」我堅定地說。

她又試了一次。

「我無法取悅你。我不知道如何取悅你。我不打算取悅你。」

「可悲！」

她整個人不知所措。很明顯，她根本不明白。我看著觀眾。

「好了。我要不要給她個提示？」我問大家。

大家震耳欲聾地齊聲回答：「要！」我看著安吉拉。

「好的。我要給你一個提示。」

她看著我，熱切地期待著這個提示或許能夠把她自孩童時期就在不正常的模式中解放出來，就是這個模式被她投射到了她跟所有男人的關係上。我停頓了一下以製造戲劇性效果，然後我給了她提示。

「兩個字！」我說。

她的眼睛亮了起來。終於，她知道該說什麼了。

「滾—蛋！」她說。

她以如此大的力度說出了這兩個簡單的、解放性的字眼，如果她的父親、前夫，和她最近交的男朋友在場的話，他們會像保齡球道上的三個木瓶那樣被擊倒在地。

「這就對了！」我祝賀她說。

全場起立為她鼓掌，笑聲幾乎淹沒了掌聲。她看上去徹底放鬆了。

「在你回到座位前，我再給你最後一些指導。」我告訴她，「你尋求別人的認可，就把自己的力量交出去了。你必須要重拾自己的力量。你必須要收回做你自己的權力。

憤怒會解放你。這兩個字（滾蛋）會解放你。神給了我們這兩個字以便讓我們能夠真實地表達我們的憤怒。否則，憤怒會積累並轉向內在，並進一步使你喪失力量。

你必須要學會玩耍地、負責任地表達憤怒的藝術。所以，對你遇到的每一個男人，都練習默默地說出這兩個字。即使你走在大街上，或者在超市裡的時候，也要這樣做！你是否認識他們並不重要。只管繼續咒罵直到你覺得舒服了為止。好嗎？」

房間裡再一次爆發出笑聲和掌聲。

重拾你的力量

把自己從他人那裡解放出來，你必須要抱持以下聲明：

「我為自己在這裡，不是為你！」

一開始，這也許看起來很自私，但這是你在解脫過程中必走的一步。你必須要收回你的力量和權力，使自己的存在不受他人的批判、意見、需求和期待的影響。

如果你徹底地、快樂地接受了以上的聲明，它會把你帶向一個更深層的真理。「我為自己在這裡，不是為你！」這個聲明會把你帶到以下的聲明：「我只是在這裡。」

這就是真正的解脫自在。

自由的代價是允許自由

如果我要讓自己擺脫與你的纏縛，我必須要允許你完全的自由。這就意謂著，你有自由同意或反對我的觀點。你有自由喜歡或不喜歡我。你有自由愛我或恨我。你也有自由接受我或者拒絕我。

你就是你，而且你可以自由地以任何你喜歡的方式與我相處。事實上，如果你愛我，或者恨我，那是你自己的事，而與我無關。

如果你批判我，我會允許你這個自由。這確實和我一點關係也沒有，批判的能量正在你的內在升起，而你是那個必須與這股能量相處的人。如果你批判，這意謂著你仍然感到被批判。如果我對你有任何感覺的話，那會是對你的慈悲，因為你仍然被批判的能量所困。

如果我要自由，我就絕不能用我的期待、恐懼或欲望來侵犯你。我絕不能以任何方式來控制或操縱你。我絕不能批判你。

要進一步為我自己解縛，我必須要覺察我為你承擔責任或期待你為我承擔責任的各種方式。我們許多人都在摒棄責任。隨著我接受、承認，並坦白導致我與他人糾纏在一起的所有不正常的模式，這些模式就會逐漸消失。

最終的結果將是自由。大家彼此不再糾纏不清，我們能夠進入最深層的愛和共融之中。具有諷刺性的是，我們必須先要彼此分開才能實現合一。

對覺醒之道的小結

要覺醒，你必須要選擇在一天之中臨在許多次。你必須要尊崇當下時刻為生命的實相。你必須要明白當下時刻之外的一切都是幻象，是由思考、記憶和幻想的力量創造而成。

你可以在幻象的世界裡遊戲，但是要當心，不要迷失在裡面。

當你全然臨在時，你是覺醒的存在體，至少在你臨在的那些時刻是如此。臨在是即刻的、直接的。只是和在此處的事或物同在。這不需要練習，也不需要過程。在這一刻，你要麼是臨在的，要麼不是。

但是，在你的日常生活和各種關係裡，你必須要經歷一個過程才能從根本上安住本體。

如果你準備永遠擺脫頭腦的禁錮，擺脫Ego的暴政與束縛，你就必須要成為主宰。意即，你必須要覺察到自己被拉離本體的各種方式。

把覺知省察帶到Ego的每一個微細舉動上。要辨認出Ego製造出的每一個用來迷惑你、誘惑你和欺騙你，使你成為頭腦的俘虜的伎倆。在這個漫長的、跋涉在時間和分離的旅程上，你已經發生了變化。要帶著愛、接納和慈悲去覺察自己的各個方面。

釋放你內在壓抑著的感受，允許它們有覺知且負責地表達出來。擺脫和他人的纏縛。超越對自己和他人的批判。

不要讓任何東西遺留在你那無覺知頭腦的陰暗處。在你覺醒的旅程上，你必須要翻轉每塊石頭。真正的覺醒就是這樣！你在當下時刻全然臨在，而且你是自己頭腦和Ego的主人。

第四章

頭腦的天性

乘著思想之翼，
你進入了時間的世界，
乘著思想之翼，
你進入了頭腦的世界。

頭腦

頭腦是覺知的一個狀態。它是一種網路空間，每當你思考的時候，你就會進入其中。它是一個幻象的世界。它是一個分離的世界。當你在頭腦中時，你是在過去或者未來的某處。你唯一不在的地方，就是此刻此處。

記憶裡的過去

頭腦，究其本質，屬於過去。它是由你過去所有的經驗以及你所有的觀念、想法、意見、信念、態度和批判構建而成。

頭腦和Ego只能通過記憶來了解過去的事情。然後，它會把過去投射到當下時刻，這就扭曲了當下時刻的現實，而使你無法體驗生命的真相。

在頭腦層面運作，會營造出一定程度的舒適感和安全感。它給了你一個「你是誰」

的感覺，而且會給你一個「自己的生活是什麼樣」的感覺。但是，這就把一切都縮減到了已知的範圍內，並使你對生活的體驗變得麻木。

當你在頭腦層面體驗生活時，你是以很微妙的方式對存在著的一切說：「我已經知道你了，我已經體驗過你了。我已經有了對你的見解、批判和信念。所以，我不用和你臨在。我不用在此刻了解你，因為我在過去就知道你了。」在這種體驗裡，沒有純真，沒有臨在，也沒有生命。

你的頭腦不僅裝著你今世所有的記憶，而且也裝著你所有前世的重要記憶。它也裝著在你之前生活過的所有人的集體記憶。頭腦是個令人驚歎的儀器。進入它就要風險自負。迷失在裡面是很容易的。

幻想出來的未來

當你在頭腦裡時，你不是只在過去，你也可以在未來，但這是幻想出來的未來。

在很微妙，通常也是無覺知的層面，你記得過去的痛苦和限制，以及所有情緒創傷和未被滿足的需要。藉助想像力，你試圖去創造一個比較好的未來。但是，你幻想中的未來並非是真實的未來，而是過去向前的投射。你因此就把自己鎖在那個你想逃離的過去裡了。

當你帶著夢想與渴望進入未來時，你或許會製造出一些美好的感受，因為你的幻想帶著對希望的承諾，但這是虛假的承諾，永遠也不會兌現。你所相信的那個未來永遠不會到來。它永遠不會成就你。只有當下時刻可以成就你。

藉助投射進入未來，你就離開了當下時刻並把自己監禁在頭腦的世界了。

幻象的生成

當你在頭腦和思維的世界裡時，你就是創造者。但是你在創造什麼呢？你在創造自己的幻象世界。你在創造一個記憶、想法、觀念、意見和信仰的世界。你相信頭腦的世界是真實的，那麼，你就不得不生活在裡面。

在世界各地，人們都在創造各自的幻象的世界。與那些和自己有著相同虛幻信仰的人，你可以與他們和睦相處。這些人是你的朋友，你們沒有衝突的理由。但是當你幻象的世界和你鄰居的幻象世界不盡相同時，你就進入了敵對區。

當你認為你的幻象是真理時，你會把自己虛幻的信仰強加給他人。你甚至會對那些與自己的幻象不同的人發動戰爭。你會藉自己的幻想之名為自己的各種罪行辯護。

共幻

所有主要的宗教都是共用幻象的樣板。只是有的在幻象中迷失的更深一些。這裡有一個簡單的測試。哪個宗教最熱衷於使人們改變信仰而認同他們的觀點？對改變人們的信仰所做的努力越大，那個宗教離真理就越遠。這是一個簡單的測試公式。得出結論並不困難。你需要做的就是翻閱歷史記載。對那些用耳去聽的，就讓他們去聽到吧。

頭腦就像一台電腦

頭腦就像一台電腦，而且就像電腦一樣只能根據程式運作。明智的做法是，要辨別出自己的頭腦如何被程式設計，以及這些程式如何在影響你的生活。

你的頭腦的程式設計從孕期就開始了，並且在你的整個童年時期一直在繼續。這個程式首先由感受（feeling）開始，感受形成印象（impression），印象又形成思想形態（thought form），而思想形態再進一步形成信念（belief）。於是這些信念就形成了你頭腦的基本程式。

無覺知的信念

你童年早期形成的信念，都與你自己、他人以及生命有關。

舉例來講，假如當你還是嬰兒或幼兒時，你母親和父親非常忙，沒有在你需要他們的時候來到你身邊。也許，他們還有另外兩三個孩子需要照顧，或者他們工作實在太忙了，因此他們沒有和你真正地在一起。

結果，你體驗到被遺棄和被孤立的感受，而這種感受就逐漸演變成了一種信念，即：沒有人要你，或者沒有人愛你，或者在生命裡你基本上是孤單一人。

如果你相信自己不值得愛，你會把那些沒有能力去愛的人吸引到你的生命裡。即使那些非常有愛心的人與你相遇，也會突然發現他們無法去愛你。因為外在世界必須要調整以便適應你的內部世界。

如果你有一個信念，認為愛你的人會離你而去，那麼，這種情況肯定會反覆發生。通常在兒時，當父母離異或者父母一方突然死亡的情況下就會形成這種信念。

這些信念對你成長的每個階段都會產生影響。並且在你長大成人之後，還會繼續影響你生活的各個方面以及你的人際關係。

如果你母親或父親在情感或身體方面有虐待行為，你就會形成一個無覺知的信念，認為其他人也有虐待行為，而且生命是不安全的。令人驚訝的是，你就會吸引那些將會虐待你的人進入你的生活。

你的頭腦會以這種方式來證明自己的正確性。

「瞧，」它會對自己講，「我就知道我是個受害者。我一直就是對的。」

你最好要覺察到自己的這些無覺知信念。它們在製造你的生命體驗。只要這些信念仍然處在無覺知狀態，你就沒有辦法擺脫它們。

以下是一些常見的關於你自己、他人和人生的信念。這些也許在你童年早期就已經被編入你的頭腦，而且也許還在繼續無覺知地左右著你的生活經歷。

哪些信念屬於你？

沒有人要我。沒有人愛我。我不值得被人愛。我不被接納。我不夠好。我做不到。我一直孤單。我不合群。我被遺棄了。我不能依賴別人。我必須獨立完成。信任別人是不安全的。我必須要控制。放鬆是不安全的。沒有人理解我。沒有人傾聽我。我是多餘的。我不能表達自己。表達意見是不安全的。我不能說不。我不能要求自己想要的。我不能擁有自己想要的。我是個讓人討厭的人。我一定有什麼地方不對勁。我不能應對。我感到不安全。生命是不安全的。都是我的錯。都怪我。都是他們的錯。都怪他們。我卡住了。我陷入困境了。我不想在這裡。離開是不安全的。我不屬於這裡。我不能融入。表達我的感受是不安全的。我必須隱藏我的感受。我必須要表現好。我必須要做正確的事。我必須要善待人。我不得煩擾別人。我必須要隱藏真實的自己。我不配。我不能相信自己的判斷。我不能相信我的感受。我一定要勇敢。我一定要堅強。

你是否能反思這些限制性的信念在過去可能對你有哪些影響?現在又會對你有哪些影響?

頭腦與退行

當你在頭腦裡的時候,你是在過去的某處。一般來講,你不會進入過去太深,所以你仍然能夠運作得相當不錯。

但是，事情並非總是如此。有時候，你會週期性地感受到壓力、擔心和焦慮。有時候，你感到煩悶、受傷或憤怒。有時候，你感到被排斥，或被批判。有時候，你感到匱乏或害怕。

以上每一種情況的發生，都是因為你已退回到一個過去的經驗裡；很有可能回到了你兒時早期的經驗，而你正把它投射在當下時刻上。

如果你能夠看清這一切只不過是自己回到了過去的經歷而已，那麼就不會有任何問題。你就會知道你正在體驗的並沒有事實根據。

實際上，你是在做夢。當你意識到自己在做夢的那一刻，你就可以從夢中醒過來了。一旦你認出夢的本質，覺醒就容易了。

恐懼的進化

在遠古時代，每當我們面臨生存威脅時，我們內在生起的主要感覺就是恐懼。恐懼的目的是驅使我們為了生存而「戰或逃」。

如果你遇到了一隻劍齒虎，你很難坐下來先思考對策。恐懼會驅使你立即去反擊或者逃跑。作為原始時期的人類，你的生存取決於你對恐懼的回應。

恐懼在物種的生存方面發揮了絕對的作用。而且，直至今日，當我們的生存受到威脅時，恐懼仍然在我們的生活中占有一席之地。如果有人拿刀襲擊你，恐懼會立即激起你做出反抗或者逃跑的反應。

但是，隨著我們越來越老於世故，越來越多地進入頭腦以及頭腦那個思想和情緒的世界，恐懼也不適宜地進入了那個領域。

每當我們在情緒上覺得受到了威脅，「戰或逃」的反應機制就被啟動了。如果有人批評、批判或者拒絕我們，我們會認為自己的生存受到了威脅，而採用「戰或逃」的應對方式。這種「戰或逃」的應對方式逐漸演變成了一種行為模式，或者是在世界上存在的一種方式。

那些在孩童時期傾向於用「逃」來應對情緒之痛的人，在長大成人後，容易變得頹廢和孤立。生活對他們來講會很艱難。他們會過度敏感，並經常感到自己是受害者。凡是能夠導致被批判或被排斥的，都使他們害怕，因為在無覺知層面，這些感受讓他們體驗到自己的生存受到了威脅。他們執迷於尋求接納和認可。

那些在童年時期傾向於用「戰」來應對情緒之痛的人，容易變得好鬥、好競爭、好控制，有時候還有暴力或虐待傾向。

這些模式扭曲了我們對生活的體驗，並影響了我們的各種關係。因此，將其帶入覺知當中就很重要。真相是，情緒之痛對你的生存永遠構不成威脅。如果有人批評你、批判你，或者拒絕你，這些真的都與你沒有任何關係。這一切表明的是他們自己的狀態，而與你無關。

鳥瞰頭腦

覺醒進入當下時刻給你提供了一個前所未有的視角。它給了你一個鳥瞰自己的角度。它使你能夠觀察在頭腦和Ego層面的自己。

在你覺醒來到較高的覺知層面之前，你沒有辦法進行觀照。除非你覺醒了，否則所有的自我認知都是Ego在試圖理解它自己。這是沒有超越Ego的視覺。這不會使你解脫。

過去對當下的侵入

最近，我給一位四十出頭的女士做了一次個案。她跟我說，她在生活中有很多的恐懼和焦慮，而且她經常無緣無故地哭泣。她渴望找到一個男人，然而她對那些追求她的男人卻毫無興趣。實際上，她告訴我，大多時候她被她得不到的男人們吸引。

我跟她談了大約十五分鐘，聽她講述了她在童年時和父母關係的一些細節，她問題的核心也就很明朗了。

在她小的時候，她沒有得到迫切需要的愛與關注。她感到極度孤獨寂寞，而且她曾用一切努力來吸引父母的愛與關注，但都無濟於事。過了一段時間之後，她開始確信：自己不值得愛；沒有人陪伴她；自己一直孤單。

她竭盡一生，試圖來逃避隔絕與被遺棄的痛苦感受，並且一生都在試圖找到那個可以陪伴她的人。

不過，這種狀況本身存在著兩個不可避免的問題。

其一，不管她多麼努力地去逃避她內在所埋藏的情緒之痛，她都不可能成功。因為恐懼、痛苦以及寂寞感，雖然被壓抑了，但仍然非常接近表層，並且不斷地滲透出來影響著她的自我感和她的生活體驗。

其二，不管她多麼努力地要找到可以陪伴她的人，她都不會找到，因為她童年的實際情況是她一直孤單一人。

我們按照自己的無覺知信念生活。我們整個Ego的構成就以那些無覺知的信念為基礎。毫不誇張的講，Ego不會允許一個與那些無覺知的信念不匹配的生活方式。這就是為什麼她只對得不到的男人感興趣的原因。這符合她童年時的信念，即：沒有人會陪伴她。

「你沒有出路。」我告訴她，「沒有解決的方案。痛苦、恐懼和寂寞永遠不會離開，而且你永遠都會孤單一人。」

我的意圖是要把她內在壓抑著的情緒帶到表面上來。把我們自己從痛苦的過去中釋放出來的唯一方法，是要感受我們內在所有被壓抑下去的情緒。

她開始抑制不住地哭泣。

「就去感覺感受吧。」我說，「允許它們從最深處上來。和你的感受在一起，不要試圖逃避。」

她的哭聲更大了，開始像個孩子似地號啕大哭。

「我很害怕。」她一邊哀哭一邊說。

我給了她一些時間讓她徹底地體驗她的感受。過了幾分鐘，我邀請她進入當下時刻。

「在當下時刻，有什麼可讓你恐懼的嗎？」我問她，「睜開眼睛，看看四周。」

她睜開眼睛，看了看四周，沒有看到能夠讓她恐懼的東西。

「在此刻，你孤單一人嗎？」我問她。

她直盯著我的眼睛，變得更加臨在了。

「不，」她帶著微弱的微笑回答，「你在這裡。」

「只要你試圖逃避恐懼或者寂寞感，」我說，「你就會繼續尋找陪伴你的人。而你永遠也找不到，因為這和『你一直孤單』的基本信念不一致。你不可能贏。」

「我能做什麼呢？」她小聲地問，「我真的想擺脫這一切。」

「你正在做啊！」我說，「就是去感受痛苦、恐懼，並同時保持臨在。最終，你會認識到，所有的痛苦、恐懼和寂寞感都是來自於過去，與當下時刻無關。你一生都在逃避這些情緒，只是一個壞習慣而已，而它卻把你鎖在了那個早已不在這裡的過去。」

她看上去明白了我跟她分享的這一切。她明顯地放鬆了下來。

「在這一刻，你在體驗什麼？」我問她。

「實際上，我感到很祥和、寧靜。」她回答道。

「那是因為你臨在了。」我告訴她，「而且當你臨在的時候，所有來自過去的痛苦和限制性信念就都消失了。」

在個案結束的時候，她處在更加祥和的狀態，而且看上去對她所得到的指導滿懷感激之情。

孕期的頭腦程式設計

有時候，這些痛苦的、限制性體驗在出生之前就開始了。而臨在可以使這些深層的記憶上浮。

我曾經給一個人做過個案，他告訴我他一直生活在某種程度的恐懼裡。他總感到會有不祥的事情發生，而威脅到他的生存。他還跟我講，他難以信任女性，而這阻礙了他擁有健康和滿意的親密關係。

他是個醫生，非常誠懇也很討人喜歡。

在給他做過幾次個案之後，一個很深、很令他不安的記憶上浮進入到他的覺知。他回憶起當他在母親的子宮裡還是個胚胎的時候，他母親嘗試著用一個尖銳的工具墮胎。這個記憶帶著極大的恐懼和驚慌一起浮了上來。

我鼓勵他去徹底地感覺這些感受。他開始流淚、嚎哭，在恐懼中蜷縮著身體。過了一會，他開始放鬆下來，並感到如釋重負。

這個恐怖記憶的浮現，驅散了一直籠罩著他的烏雲。這個記憶解釋了他為什麼對人缺乏信任感，尤其是對女性，以及他一生中一直所體驗到的那種很模糊、很微妙的恐懼和不安的感覺。

在這個新線索的幫助下，他開始能夠在生活中做出新的選擇和決定，而不再立足於這個無覺知的、深具創傷性的胚胎期的體驗。

孕期程式設計的又一案例

有一位讓我做個案的女士跟我講，她總是感到擁擠不堪，而且經常覺得自己沒有足夠的空間。

這種感覺影響到了她生活的各個方面。無論是在家裡還是在辦公室，她都感到不舒適。她常常感到幽閉恐懼。她還跟我講述了她有一種深度、揮之不去的恐懼感，覺得自己沒有足夠的食物，所以她傾向於囤積食物。

這些令人不安的感覺，確實在干擾她享受生活。

我給她做了兩次個案，與她一起探討這些感受，並試圖發掘造成她不舒適的源頭。當我們沒有多少進展時，我突然心生一念。

「你是雙胞胎嗎？」我問。

「是！」她回答，「你是怎麼知道的？」

「你是第一個出生的，還是第二個？」

她回答說是第二個。

「出生時，誰的個頭比較大？」

「我哥哥比我大多了。」她回答。當她把這些聯繫在一起時，她的眼睛驚訝地睜大了。

她在子宮裡的體驗是擁擠的，她沒有足夠的空間。而且她的雙胞胎哥哥吸收了大部分的營養，致使她處於饑餓狀態。

在子宮裡的這些經歷給她留下了很深的烙印，而且很明顯地影響到了她每天的生活體驗。

我指導她進入這個體驗的中心，她感到憤怒，其次是受傷，隨後是需要。她把每一種感受都徹底地表達了出來。然後，她開始大笑。當因果法則開始讓她明白生活中所有不正常的方面時，忽然之間，一切都變得合情合理了。

有覺知、負責地表達

因為感受過於痛苦或無法承受，我們就將其壓抑下去，但是它們仍在我們內在的無覺知層面運作，並造成各種各樣的破壞。

這些記憶被壓抑下去，並不意謂著它們已不復存在。實際上，正是對記憶和情緒的壓抑與否定，才使它們獲得了力量。

如果要使療癒發生，對這些過去的記憶和感受，我們必須要改變我們的態度。我們必須要允許它們上浮進入覺知並被負責地表達出來。

尖叫

有時候，這些過去的記憶可以在心理上造成極大的創傷。幾年前，我在紐約的萬豪酒店開辦講座，當時大概有五十人出席。其中大約有一半的人曾經參加過我的講座，而另一半則是新學員。

在那段時間裡，我一開始會詢問班裡有沒有學員想簡單分享一下他們為什麼來參加講座，以及他們希望從中得到什麼。

班裡的一位女士開口講話了。

「我活在極大的壓力和恐懼中。」她說。

「你現在就感到有壓力嗎？」我問。

她說是的。於是，我讓她把眼睛閉上，去感受她體內的壓力。

通常在種情況下，我會引導她進入壓力的中心，這就會把壓力釋放出來。以前，我曾這樣做過很多次，一直都非常有效，而且這種簡單的方式經常會引起深層療癒。

「我不能閉眼睛。」她回答，「如果我閉眼睛，我就會尖叫！」

有一個簡單的原則，那就是不管當下時刻在發生什麼，都需要被接納，允許被表達。所以遵循這個原則，我還是鼓勵她閉上眼睛去感受體內的壓力。

「就和壓力感臨在。」我告訴她，「如果你要尖叫，就尖叫吧！」

「不！你不明白。」她抗議說，「我真的會尖叫！」

「那就尖叫。」我平靜地回答她。

她閉上眼睛，尖叫立即就開始了。

我從來不知道有人能這樣地尖叫。聲音之大遠遠超出了我的想像，穿過了我身體的每個細胞。這讓我想起了愛德華．孟克的畫作《吶喊》。

這簡直就是來自地獄的尖叫，而且絲毫沒有減弱的跡象。她完全迷失在尖叫之中了。她的叫聲肯定響徹了整個酒店。

我的腦際瞬間閃過好多事情。我擔心酒店的客人，我擔心班裡的其他學員，尤其是那些新學員。

我把我的椅子拉到她面前。我在顫抖，而她則完全沉浸在尖叫裡了。我大聲叫她，試圖引起她的注意力，但是她沒有反應。我實在沒有辦法讓她停下來。於是，我就加入到她的行列。

我也開始尖叫。我幾乎都能達到她尖叫的強度了。終於，她睜開眼睛，看看究竟是誰在尖叫，我立刻要她看著周圍的人，並且和在場的每個人去連結，我要她盡可能地臨在。

當我覺得她已經相當臨在時，我讓她再度閉上雙眼，而她又開始了尖叫。這次和以前的一樣強烈。我就再一次把她從尖叫中拉出來，並幫助她和班裡的每一個人再次去連結。

我不斷地重複這個過程，直到她的尖叫聲不再那麼強烈了。她的雙眼依舊閉著，我鼓勵她看看四周。

「你在哪裡，發生了什麼事？」我問她，試著把覺知醒察帶到尖叫的源頭上。

她開始深深地、無法抑制地抽泣，而且一會兒尖叫，一會兒哭泣，一直如此反覆。

這個狀況大約持續了十分鐘。我鼓勵她去辨認她究竟在哪裡，究竟在她身上發生了什麼事情。

過了一會兒，她能夠跟我講話了。她清楚地感覺到她在納粹德國的一個集中營裡。她描述了那裡的建築物，描述了那裡的人。她非常詳盡地描述了那些納粹衛兵的模樣。

她看上去大約四十五歲左右，所以我以為那是前世記憶的浮現。我安撫她說，她以前所經歷的現在並沒有發生。

我極力勸她去充分感覺所有的感受。她終於放鬆了下來。尖叫聲停止了，啜泣也漸漸地放緩了。她變得十分平靜。

我讓她睜開眼睛。再一次，我引導她進入深層臨在，並且讓她直視著班裡每一個人的眼睛。

她這樣做的時候，一股巨大的愛的感受瀰漫在整個房間。感覺就好像是神正和我們在一起。她背負了一生的那個尖叫已經被釋放了。她現在充滿了神的光與愛。這是我生命中最神聖的時刻之一，在場的每一個人也都有同感。我感到這樣的療癒也會影響到我們的集體層面。

這個過程用了差不多一個上午。已經接近午餐時間了，於是我建議大家休息一下去吃午飯。我們大家朝著酒店餐廳走去，一路上一些酒店的客人向我們投來緊張的一瞥。在餐廳裡，那位尖叫的女士就坐在我旁邊。在用餐過程中，她轉向我。

「你是個很奇怪的傢伙！」她說。

「你是什麼意思？」我著實感到驚訝地問她。

「哦，當我在那個記憶裡時，你一直在講那是我的前世。」

「對！」我回答，「那就是你的前世。」

「不對，那不是！」她抗議著，「我這一世就在那裡。我當時只是個嬰兒。這件事確實發生過。」

「你現在多大？」我問。

「我五十七歲。」她說，「我就在現場！」

我一言未發地吃完了午飯。

極端案例

這個尖叫的故事，屬於情緒釋放的極端案例。你能想像帶著這個被壓抑在內的尖叫去生活，會是什麼樣嗎？好在我們極少有人需要面對這麼強烈的感受。

即便如此，處理與這個恐怖經歷有關的情緒，也只花了九十分鐘的時間。結果是，她內在的尖叫被清空了，並得到了深度而持久的療癒。

真相是，我們所有人的內在都有在過去壓抑下去的感受。對於大多數人來講，只需要幾分鐘就可以釋放感受，完成療癒。

如果你敲對了音符，在幾分鐘內你就可以將累世壓抑下去的憤怒釋放掉。對於所有兒時的受傷和痛苦，如果你能全然地允許並接受它們，並在它們上浮時保持臨在，你就可以在幾分鐘之內將其釋放掉。

有時候，人們跟我說他們已經做了很多年的心理治療與情緒釋放，並認為再做下去已毫無意義。我的回答是，沒有臨在的能量對整個過程的支持，那就不是真正的療癒。

第五章

Ego

除非你和Ego建立
正確關係，
否則你無法覺醒！

誰是贏家？

如果神和Ego為了你在競爭，而競爭是基於比較「神可以給你什麼，Ego可以給你什麼？」，你認為誰會是贏家？你認為誰會占上風？

Ego可以為你提供所有過去的知識、經驗以及未來的所有潛力。它可以給你希望和在未來成就的承諾。它甚至為你提供在未來開悟的可能性。

神所能給你的，是在此刻此處實際與你同在的一切。

這不是一個公平競爭。但很少有人能看穿Ego的騙術。也很少有人能經得住Ego虛假的承諾與誘惑，所以他們依舊被禁錮在頭腦裡面，被Ego奴役。

神的寶座

Ego正坐在神的寶座上。不巧的是，有一天神來了。

「你為什麼坐在我的寶座上？」神問。

「因為我可以！」Ego回答。

「但你不應該坐在我的寶座上。」

「我比祢更有力量。」Ego說，「我想坐哪兒就坐哪兒！」

「你為什麼相信你比我更有力量呢？」神問。

「因為從有時間開始，我就一直坐在祢的寶座上，我已經操控了人類的頭腦。如果祢比我有力量，祢就不會允許我這麼做。祢早就把我移走了。」

「我的本質就是允許。」神說，「如果你想坐在我的寶座上，我允許你！但你的力量僅限於此。」

Ego存在於思想之內

你的Ego存在於思想之內。思想就是它的結構。你的思想越堅固，你的Ego就越頑固。

Ego

Ego，是過去的你，但堅稱它就是現在的你。

Ego與你同行

在覺醒的旅程上，Ego一直伴隨著你。甚至在你體驗了最深層次的本體之後，它也在一旁等候著，隨時準備把本體的真理據為己有。

一旦Ego變得靈性化，你就迷失了。很難找到能夠把你帶回來的人。

靈性化的Ego

過多地涉入你靈性生活的Ego，就是靈性化的Ego。

Ego在尋求開悟

雖然，是你靈魂的渴望使你踏上了覺醒之路，然而，在你的靈性之旅上，Ego也可以非常積極地參與進去。

Ego積極參與的原因有兩個。

它認為開悟是逃離痛苦和煎熬的唯一方法，或者認為開悟是終極成就。

關於開悟，Ego有它自己的想法和觀念，但它並不知道開悟究竟是什麼。它讀到過別人開悟的體驗，並覬覦這些體驗。

它很高興你去研讀靈修書籍，拜訪靈性導師，獲取靈性知識。它要你精進地去靈性修行。它很喜歡去感覺並要表現得很有靈性的樣子。它喜歡求道。

Ego對於臨在究竟是什麼一無所知。它也不知道當你安住於本體時，它在你生命中所扮演的角色會徹底改變。它更不知道它消失了——至少在你真正臨在的那些時刻。

如果你意外發現了覺醒的真正方法，也就是經由「當下時刻」這扇門而覺醒，Ego會非常頑強地抵抗，因為這已超出了它的預料。

當你超越了Ego並全然臨在時，開悟就發生了。由於Ego不能臨在，所以它無法跟你一起進入開悟狀態。但它又不想被甩在後面，被拋棄在永恆的分離與黑暗之中，而你卻打開進入了生命的實相、愛與自由。

「經過那麼多年的靜坐和靈修，我反倒要落在後面！」Ego說，「我可不甘心。」

它已經很善於抵抗任何進入本體的舉動。所以，如果你要覺醒，在你靈性之旅上你必須對Ego的介入要有覺知明察。

與Ego交流

在指導他人的過程中，我開發出了與Ego對話的能力。每當別人的Ego誠實而真摯地回應我時，總是讓我驚訝！在過去的十五年裡，幾乎每一個與我對過話的Ego，都以這種方式回應我。

我和Ego溝通的能力，其基礎在於我完全了解我自己的Ego，並能與它正確相處。我的Ego已經臣服了。好像別人的Ego也能感覺到並認出這一點，所以它們會以朋友的方式來回應我。

我能與Ego溝通的另外一個因素是，我發現Ego只有一個。我們的Ego都是那唯一Ego的個體表達。也就是說，一旦你了解了自己的Ego，你就了解了所有的Ego。這是我們存在的奧祕之一。

Ego對臨在的抵抗

經過這麼多年與Ego的對話，我已經找出了Ego抗拒臨在的方式及其原因。

我跟我的一名學生在以下的互動裡，就可以很完美地展現出Ego的抗拒。這個女學生的名字叫詹。在聖塔克魯茲，在一個星期二的晚間授課上，她舉起手和我們分享她的經歷。

「我保持臨在的時間，無法超過幾秒鐘。」她說，「念頭持續湧進，我不斷地被拉到過去和未來，就是停不下來。」

「你的Ego不讓你臨在。」我說，「我可以和你的Ego談一談嗎？」

她同意了，於是我就開始了對話。

「你為什麼讓思緒不停地湧動呢？」我問她的Ego，「你為什麼不讓詹臨在？」

「我不喜歡她臨在。」

「你為什麼不喜歡呢？」

「我害怕。當她臨在的時候，我覺得自己好像要消失了。我覺得自己好像要死了。」

詹的Ego的誠實，讓我很感動。

「所以你就把她拉進思緒裡，這樣她就不能臨在了。」

「是的！」

「如果我告訴你，當她臨在時，你既不會死去，也不會永久地消失呢？」

「那會發生什麼呢？」她的Ego問，「當她臨在時，我能感覺到我的世界在消失。」

「當她臨在時，念頭沒有了。過去和未來沒有了。你的世界由思想構建而成，屬於過去和未來。所以當她臨在時，你的世界就消失了。」

「那我會怎麼樣呢？」

「你就待在一旁，就像電話機處在待機狀態一樣。你既不會死去，也不會消失。你只是在待機狀態。而且這只是暫時的。」

「當我在等候狀態時，我到哪兒去了？」Ego試探性地問。

「你進入寂靜了。」我溫和地解釋，「就像在寂靜中度假，你會感到非常的平靜與放鬆。她想回到時間世界的那一刻，想法就會被啟動，你也就復位了。你在她覺醒的生活裡有一個角色要扮演。」我停頓了一會兒，以便給Ego一點時間去考慮我剛剛跟它講的話。

「這些資訊能說明你放鬆嗎？你現在對臨在不太害怕了吧？」

「是的。」

「很好，那你現在願意讓她臨在，不再用不必要的念頭去干擾她了嗎？」

「絕不！」

「為什麼不呢？你知道你不會死亡，也不會消失啊。」

「是的。可是當她臨在時，我就不再控制她的生命了，我不能允許這樣。」

「你為什麼不允許呢？」我問。

「我不知道。」Ego回答道，很明顯它在掙扎著尋找答案。

「完成這個句子。」我建議，「如果我不去控制……」

「那就沒有人會保護她。」Ego回答。

「這就是你在她一生中一直在做的事情嗎？保護她？」

「對，就是這樣！」

「你一直在保護她免受什麼？」

「傷害！」

「她會怎樣受到傷害？」

「批判、批評和排斥。」Ego一字一頓地回答。

「你最初開始保護她的時候，她多大？」

「四歲，也許五歲。」

「她當時在經歷什麼？」

「她覺得沒有人愛她。」

「她覺得受傷害了，被排斥了？」

「對。」

「對她來講，這是否難以應付？」

「是。」

「你進入她的生命是要幫助她嗎？」

「是。」

「你是怎麼幫助她的？」

「我壓抑了所有痛苦的感受，這樣她就不用去面對它們了。」

「在這之後，你又做了什麼？」

「我接管了她的生活，這樣她就不必去感受痛苦了。」

「你是否制定了避免痛苦的策略？」

「是。」

「你掌管了她的生活，是打算要幫助她感到被愛和被接納，同時也打算要幫助她避免痛苦，對嗎？」

「對，正是這樣。」

「你的做法有個問題。」我說。

「有什麼問題？」Ego挑戰性地反問。

「你保護她所免受的痛苦存在於她的過去。」我解釋道，「這跟當下時刻一點關係都沒有。為了能夠繼續在她的生命中扮演保護者的角色，你必須把她留在痛苦的過去。否則，你的角色就沒有任何意義了。你在延續這個痛苦。」

Ego顯得困惑不解。

「在此刻，有任何跡象表明她需要被保護嗎？」

Ego環顧一下四周，很不情願地說沒有。

「此刻，有任何人在批判或批評她嗎？」

再一次，答案是沒有。

「那麼，你就不需要在此刻保護她。你需要嗎？」

「不需要。在『這一刻』是不需要的。」Ego回答，試圖回避這個問題。

「那麼，『這一刻』呢？」我問，「她在『這一刻』需要保護嗎？」

「不需要。」

「那『這一刻』呢？」

我很樂意在整個晚上一刻接一刻地重複下去，直到詹的Ego承認了在當下時刻沒有什麼可害怕的。

「真相是，當她臨在時，她永遠不需要你的保護。你能明白嗎？」

「是的，我明白了。」Ego很不情願地回答。

我鬆了一口氣。

「很好，」我說，「現在，你願意放鬆，讓她臨在嗎？」

「不！」

我知道還有一個障礙要突破。

「為什麼不呢？」我耐心地問。

「那我做什麼呢？」Ego抗議道，「我這一生都在保護她，如果我允許她臨在，我就沒事幹了，那麼，我的存在就沒有意義了。」

「但是，你會有事情做的。」我對Ego說，「如果你同意放棄『保護者』這個舊角色，我可以讓你在她生命中扮演一個新的角色，而且你會更喜歡這個角色。」

現在，我抓住了Ego的全部注意力。

「那是什麼呢？」Ego問。

「當詹覺醒進入當下時刻時，你將成為她的『生活助理』。她是一個永恆的存在，在時間的世界裡，她需要你去有效地運作，她需要你在組織和管理方面的技能，但是她已不再需要你的保護。因為當她臨在時，所有過去的痛苦和限制都消失殆盡。」

詹的Ego看上去完全被這份新工作的內容吸引了。

「這聽起來真不錯，我喜歡！」Ego說，「那我什麼時候開始工作？」

「在她能夠從根本上安住於本體之前，我不會要求你放下保護者的角色。隨著你放鬆並能夠允許她臨在，你會開始逐漸信任她內在本體之花的綻放。最終，你會感到很安全而放下對她生活的控制。這將是一個平緩的過渡。」

Ego似乎對我的建議十分滿意，我也對它的誠實表示了感謝。然後，我問詹有什麼感覺。

「我覺得非常臨在、祥和。」她說，「一個念頭也沒有升起。」

Ego起始為友

起初，Ego以朋友和保護者的身分開始了它在你生命中的旅程。然而，隨著時間的推移，它的角色從開始時的保護你，變成了保護它自己以及它在你生命中的地位和權力。

現在，它是「分離的監護人」。它的意圖是把你監禁在過去和未來的世界，與當下時刻分開，與神分開。

你不可能打敗Ego。你能做的就是正確和它相處，這樣它最終會回到作你的朋友的角色裡。

覺醒的本體與Ego的區別

當你與此刻和你在一起的存在體全然臨在，你的頭腦是寂靜的時候，那麼你就處在覺醒的本體之中。除此之外，一切都是你的Ego，沒有例外。

你在此刻之外的任何方面（aspect）都是你的Ego。你的任何想法都是Ego的思考。你所持有的任何見解或信念都是Ego在持有。所有的批判都來自Ego。你的任何喜好或厭惡，都是Ego的喜好或厭惡。全都是Ego。

我不是說你的Ego有什麼不對，也沒有說它就是不好的、邪惡的或者你應該除掉它。我只是單純地在揭示覺醒的本體和Ego之間的不同。

如果你不知道這其中的差異，那麼你如何知道自己是否臨在？你又如何深入臨在？你又怎麼會覺醒？

Ego無法活出本體的真理

我們嚴重地偏離了正道，因為我們試著讓Ego活出本體的真理。對Ego有這樣的要求，實在有失公允。試圖把Ego變成它所不是的，是對Ego絕對的侵犯。這給Ego增加了巨大的壓力，把它逼入了失敗和恥辱的境地。它感到被批判了，被譴責了。它感到無能，無足輕重。於是，絕望之下，它開始叛逆。

如果你以任何形式對Ego進行批判或排斥，它都會打敗你。它會控制你，奪取掌管你的權力。它會宣稱你屬於它。

Ego不會輕易釋放你

你必須從根本上安住於本體，並和Ego進入正確關係，它才會放下抵抗，釋放你進入當下時刻。

Ego會考驗你

如果你只是七零八碎地偶爾臨在幾秒鐘，Ego就不會臣服。它為什麼要臣服？它需要有安全感。它必須要知道它能夠依靠本體了，才能放下掌控。它必須要確定你是真正的主人，而且它會考驗你。

Ego的考驗很簡單。它知道真正的主人是慈愛的、接納的、允許的。它知道真正的主人完全沒有批判。所以，它的考驗就是批判。它會盡其所能地讓你捲入批判的能量。

如果你以任何形式對自己或他人進行批判，你就不是真正的主人。如果你批判Ego或者試圖除掉Ego，你就不是真正的主人。如果你批判自己生活的任何方面，不管這些方面有多麼的痛苦或不愉快，你就不是真正的主人。Ego就不會臣服。你就沒有通過它的考驗。

問題是，我們大多數人都無可救藥地迷失在批判裡了。批判已經成為我們無覺知生活固有的一部分。

通過考驗

要通過Ego的考驗，你必須要超越批判。而超越批判的唯一方法，是要全面覺察到批判。每當批判從你內在升起時，你必須要接受、承認、坦白這股批判的能量，而且，你要不帶任何批判地去做。只有那時，Ego才知道你是真正的主人。

真正的主人是誰？就是完全安住於當下時刻的你。

對Ego慈悲

Ego很值得慈悲。在分離的世界裡一直照顧你，並不是一件容易的差事。同樣，Ego要釋放你進入當下時刻，同時知道自己要落在後面，這對Ego也並非易事。在覺醒的初期階段，Ego覺得你背叛了它。它覺得自己好像被遺棄在永恆的詛咒裡，而你卻進入了與神的合一。

這對Ego似乎很不公平。它在無覺知的世界裡一直是你的保護者。是它鼓勵你去追求開悟，是它把你帶到了當下時刻的門前，而現在它卻被留在了後面！

你需要向Ego保證，你很重視它並很感激它，而且要向它保證它在你覺醒的生活中有角色要扮演。

對Ego感恩

當Ego最終臣服並釋放你進入本體時，它就開始了在你生命中的新角色。它充滿愛心地為你這個真正的主人服務，就像你在滿懷愛心，忠誠地為神服務一樣。

何不對它在你生命中擔任的新角色表示感恩呢？每晚在你就寢之前，花幾分鐘來感謝Ego的出色工作吧。

畢竟，你是永恆的存在體。沒有Ego，你無法在時間的世界裡運作。沒有Ego，你甚至都不知道你自己的名字。

最後的警告

當心！在Ego最終釋放你之前，它會使出最後一招騙術。它是個技術精湛的冒名頂替者，可以輕易地偽裝成覺醒的人。它知道如何假裝臨在，也知道該說什麼。如果你不小心，你就會被它欺騙。

如果你認為自己開悟了，或者認為自己是臨在的，你就已經被自己的Ego欺騙了。你已再次被吸納到頭腦的世界，因為在本體的覺醒狀態，你一個念頭也不會有。

不過，你可以輕而易舉地把自己從這個騙局中釋放出來。如果「我開悟了」這個念頭升起了，你就問問自己：「誰開悟了？」如果「我臨在了」這個念頭升起了，你就問問自己：「誰是臨在的？」

唯一可能的答案就是「我是」（I am）。這個答案會帶你回到本體。這個答案會帶你重歸寂靜。

覺醒的，是你的那個「我是」。開悟的，也是你的那個「我是」。

第六章

感受

我們用思考來逃避自己的感受，
如果你想停止思考回到臨在，
那就要感覺你的感受。

感覺你的感受

感覺你的感受是非常重要的。感受將活力與豐富的品質帶給我們的生命。感受的內在攜帶著生命的力量，給予我們一種活著的動感。

不過，若要和感受正確相處，你必須要了解一些基本原則。

感受在此刻升起。與當下正在發生的事情有關。它們流經你。一旦這一刻已過，感受就消失了。它們不會逗留。它們也沒有打算逗留。

如果你在遊樂場坐過雲霄飛車，你下降時所感受到的刺激是即刻的。它僅僅屬於那一刻。當你欣賞海上落日之美，心中生起的喜悅，僅僅屬於那一刻。當你凝視著你摯愛著的人的雙眸時，你滿懷的愛意僅僅屬於那一刻。在打網球時，你給了對手一個完美的穿越球時所生起的勝利感，僅僅屬於那一刻。

感受不屬於時間的世界。所以，千萬不要把它們帶進去。如果你執著於正面的感受，譬如，喜悅或快樂，而緊抓它們不放，你就干擾了它們要穿過你的流動。這些感受會以記憶的形式在你的內在積累。結果，你就漸漸地被吸納到頭腦的世界裡去了。

同樣，如果你排斥，或者壓抑內在生起的那些所謂的負面情緒，諸如悲痛、傷害或憤怒，你也會陷入頭腦的世界。

在這一刻生起的感受並不屬於你。它們屬於神和當下時刻。它們僅僅是在流經你。讓它們自由地流動吧。負責任地表達它們吧。如果你這麼做，你就會得到豐厚的獎賞。

切勿思考感受

分析感受，就是在思考感受。這會把你帶離當下時刻而進入頭腦。

如果你的感受需要你了解它們，那麼在你體驗它們時，感受就會把你該知道的顯露給你。如果沒有顯露，你就放鬆，去感覺你的感受即可，它們沒有你需要知道的事情。

超越故事

如果感受來自於過去，它們會帶著故事而來。要全然地去感覺，並表達感受，但不要參與到故事裡去。故事來自過去。它與當下時刻無關。

逃避痛苦的陰謀

人類一直鍥而不捨地壓抑痛苦的感受，諸如需求、受傷、悲痛和憤怒。各大宗教都沒有揭露出感受這些痛苦情緒的重要性。就好像有一個躲避痛苦的共謀。一切痛苦的核心，是生活在分離世界裡的痛苦，在這個世界上沒有人真正地臨在。

諷刺的是，當你壓抑活在分離世界裡的痛苦時，瞬間你就進入了分離的世界。如果你拒絕去感受痛苦，你會一直被監禁在內。

嗜癮

嗜癮是一種躲避策略。它試圖躲避你內在壓抑著的情緒之痛。無論使你上癮的是毒品、酒精、性、食物還是電視，其內在動機都是在躲避未被解決的需求、受傷或憤怒的感受。如果你要擺脫嗜癮，你必須要感覺這些感受。

痛苦

情緒之痛先於肉體之痛。如果你去感覺並體驗情緒之痛，它就會把資訊傳遞給你。它會揭露出你真正需要知道的是什麼。它會揭示出你在過去被卡住之處，以及你需要療癒或需要注意的地方。它會揭示出在哪些方面你脫離了本體。它會展露出你如何待人不誠實，或別人在以何種方式對你不誠實。

如果你注意到有情緒之痛，並且適當地去做回應，那就不會有肉體之痛了。

但是，如果你忽視情緒之痛，不去回應它所傳達給你的資訊，那麼某種程度的「不適」（dis-ease）就會逐漸地在你的身體上顯露出來。這個「不適」最終會造成肉體的疼痛。而且，疼痛會頑固不退，它堅持要把資訊傳遞給你。

感受的組成範圍

基礎色調組成了彩虹。同樣，恐懼、需求、受傷和憤怒構成了你的感受範圍。其他的感受，均由這些基礎感受衍生而來。

如果要對別人表達你正在感受的一切，你必須要講出你全部的感受。

舉例來說，假設你對你先生、太太或朋友感到生氣，因為他或她不聽你的話。為了能夠有效地溝通，你得先要承認、認可並坦白你自己在生氣，不過你必須以負責任的方式去做。

「我感到很生氣，因為我覺得你沒有聽我說話。」

之後，你要去感覺並坦白隱藏在怒氣之下的受傷。當你坦白時，你越能夠感受那份受傷，你的溝通就越有效果。

「當我覺得你沒聽我說話時，我覺得不被愛。我覺得不被關懷。這觸動了我兒時的所有受傷。」

在分享受傷或悲痛時，重要的是要誠實和柔軟。如果有眼淚湧上來，不要試圖去遮掩。受傷之下是需求感。我們大多數人都不敢真實地對人講出自己的需求。

我們的需求在童年時未能得到滿足，所以我們就學會了與它們切斷聯繫。現在我們跟自己的需求失去了連結。這就導致了我們的需求得不到滿足。由於需求不被滿足，我們就覺得受傷，氣憤不已。所以要去感受需求，並把它們清楚地表達出來。

「當我說話時，我需要你傾聽。我需要感覺我被聽到了。我需要感覺被照顧到了。我需要感覺被愛著。」

很有可能，你的先生或太太或朋友會帶著愛來回應你。他們會很願意聽你說話，並與你臨在。你不是在攻擊他們。你不是在指責或歸罪於他們。你只是在誠實、真摯地分享你的感受。

在需求之下是恐懼。恐懼源於童年。如果你的父母，在你需要他們的時候，沒有傾聽或照顧你，你就覺得孤單。作為兒童，孤單一人是非常可怕的。在微妙與無覺知層面，這會讓你覺得生存受到了威脅。

所以，現在每當你覺得未被聽到時，這個童年的恐懼就會投射進入當下時刻。你感到孤單，需要慰籍。你感到受傷、生氣。所有這些感受都在一瞬間被啟動，並無覺知地從你內在升起。此時，你已不再是成年人了，你像一個膽怯的、黏人的、受傷和生氣的孩子那樣在反應。

在你以負責的方式表達你全部的感受時，你就開始在脫離與他人的纏縛。感受會消失，而你就能夠回到本體。

下一次，當你覺得你的先生、太太或朋友沒有聽你說話時，你會認識到：沒有必要做出情緒反應。只要臨在，把你的要求說出來即可。

分享喜悅

正面的感受也有其完整的組成成分：寂靜、祥和、愛、快樂、喜悅！慷慨地分享這些感受吧，你的臨在會讓每個人都受到鼓舞。

我們的真實需求

我們真正想要的，只是別人能與我們臨在。作為本體的替代品，我們追求愛、接納和認可。這份追求始於童年時代，那時我們認識到沒有人是真正臨在的。不要接受任何替代品，直接邀請別人與你臨在吧。

焦慮

如果你內在生起了受傷、悲痛、生氣和暴怒的感受，而你卻不允許這些感受去表達，那麼你也許會體驗到焦慮。如果壓力不斷積累而你繼續壓抑這些感受，你有可能會驚恐發作。

減輕焦慮和驚恐的方法，是允許這些深層的感受上浮，並有覺知地表達它們。你必須要徹底地去感覺這些感受，並給予它們透過你表達出來的權利，但是要以負責的方式去表達。

不健康的怒氣

唯一不健康的怒氣，是壓抑在心裡的怒氣，或者是生自己的氣。

怒氣與抑鬱

我們大多數人都學會了壓抑怒火。我們把它憋在心裡，於是怒氣就轉向了內在。這常常會導致抑鬱的感受。

如果你感到抑鬱，你就問問自己，是否對什麼事懷有怒氣。如果答案是肯定的，就再問問自己是在生誰的氣，為什麼而生氣。如果你要從抑鬱中走出來，你必須要去感受怒氣，並學會以有覺知的、負責任的方式把它表達出來。

怒氣與受傷

每當你感到受傷時，那就表明你沒有得到你想要的，或是你得到了你不想要的。你生氣時，也是一樣。如果你感到受傷或生氣，就問問自己下面的問題。

你想要卻沒有得到的是什麼？你不想要但卻得到的是什麼？你是否以清晰且有愛的方式表達了你想要的？你是否知道自己到底要什麼？你是否允許自己去感覺那份受傷？還是自動地用發火來逃避受傷？

自動地從受傷轉向憤怒，是我們在童年早期就學會的應對方式，而且它會伴隨我們的絕大部分人生。如果你要解放自己，你就要學會如何真實而負責地把憤怒表達出來。然後，你還要去感覺那份受傷。

分開受傷與憤怒

對於大多數人來說，受傷和憤怒這兩種感受已經合二為一了。這使療癒無法進行。當你表達憤怒時，受傷就會上浮。當你表達受傷的感覺時，怒氣就會浮現。因此，這兩種感受都沒有被完整地表達出來。

你必須把這兩種感受分開。首先，要徹底地感受並表達你的憤怒。當憤怒完後，再去感受受傷。怒氣幾乎總是在回應受傷的時候生起。如果你能感受自己的受傷，那就無須生氣了。

允許憤怒全然表達

真正的表達憤怒並不是情緒宣洩。它更像是拉小提琴。你必須要拉對音符。你必須允許憤怒發出自己的聲音。你必須讓憤怒作它自己。

憤怒毫不友善。它要咆哮、抱怨、指責和咒罵。它要報復。它要懲罰任何傷害過你的人，而且，它對適刑懲罰毫無興趣。不透過咒罵與指責，你就無法充分地表達怒氣。憤怒是蠻橫荒謬的，不過，只有在你允許它全然表達的時候，你才會發現這一點。

一旦你認識到怒氣有多麼的蠻橫無理，你就不可能嚴肅地看待它，或者迷失在它的故事裡。

重要的是，切勿把你的怒氣發洩到任何人身上。在表達憤怒時，不要把其他人捲進來。當你對著他人發火時，大多數人都會有情緒反應。要麼，怒氣會引發另一個憤怒的回應，而這可能會導致暴力，要麼，就是別人成了你怒氣的犧牲品。不管是哪一種狀況，其結果都不會令人滿意。

最好是進到自己的房間，私下裡把怒氣朝你心中生氣的對象發洩出來。要誇大它。誇張地表現它。讓怒氣盡可能地做它自己。

憤怒有故事要講。你可以把那個故事表達出來，但是不要相信它。你只是把憤怒的存在權和表達權交給了憤怒自己。它需要感到被接納了。如果你在試圖除掉它，這就是對它的一種微妙的批判，會導致怒氣不能被完整地表達出來。

有覺知地、負責任地去表達怒氣，會以笑聲收場。

切勿對自己生氣

對自己生氣，是極端不健康的。你必須得找個人來代替自己。你可以對你父親、母親生氣，也可以對你的配偶或孩子們生氣。你可以對你的老闆或者前任男友生氣。不管你生誰的氣，只要不生自己的氣即可。

這並不意謂著你要去找他們，對著他們發火。而是，你必須要找到一個向外發洩怒氣的方法。否則，怒氣會毒害你的內在，導致抑鬱，最終讓你生病。

你甚至可以對神生氣。人類至少有三分之一的人在受苦的時候會對神發怒，雖然這通常是在無覺知的層面進行而很少表現出來。你承受不起讓怒氣內化於你內在的代價。

身體是頭腦和Ego的受苦者

如果你選擇壓抑怒氣，你認為它會到哪裡去？它不會消失。它會累積在你的身體裡，而你的身體就會為此受苦。你的身體不得不承擔你內在壓抑著的所有感受。你最明智的做法，應該是把自己的身體從如此重負下解放出來。

憤怒靜心

有覺知並負責任地讓怒氣表達出來，也是一種靜心。這與安靜地坐著、觀照呼吸的靜心方法一樣的重要。

如果你攜帶著大量壓抑下去的怒氣，你可以每天做一次憤怒靜心，至少連續做一個月。在此之後，你可以只在需要的時候去做。憤怒靜心應至少持續五分鐘左右，而且最好單獨在房間裡進行，這樣沒有人可以聽到你。

做憤怒靜心，是允許壓抑在你內在的怒氣徹底表達出來。有一個基礎句子可以用來幫助你完成整個靜心過程，即：「我非常生氣。」

現在，開始靜心吧。只是讓怒氣去表達。把話大聲地說出來，一旦開始，你就不要停下來。找個讓你生氣的人或者事情，然後讓怒氣流動。如果你沒有氣話可說了，就回到那個基礎語句。要一直重複這個句子，直到下一波怒氣升起。重要的是，要把話大聲地說出來，以便讓自己聽到怒氣在說什麼，這樣做有助於在怒氣通過你表達它自己的時候，你跟怒氣所攜帶的故事拉開距離而保持臨在。

這並不是心理學上的情緒宣洩。你沒有試圖除掉怒氣，而是在恢復怒氣的存在權和表達權。你必須敲對音符。要找對聲調。要找到完美的面部表情。如果你願意，還可以緊握雙拳。必要時還可以去摔打椅墊。

誇大憤怒會很有幫助。怒氣是不講道理的。它要詛咒、要謾罵、要責怪、要殺戮。要允許它這麼做。用手榴彈把你母親或父親炸飛。把你的上司丟到鱷魚池內。發揮你的創造力去報復吧。

憤怒靜心是對怒氣的一種歡慶。如果過了一會兒，你開始笑了起來，那麼你就是在完美地表達怒氣。怒氣是荒謬無理的，你不應太過嚴肅地看待它。只是去表達它。享受它。以有趣的方式讓它在你之內爆發。要繼續做下去直到它覺得完成了為止。負責地表達怒氣會讓你獲得自由。

憤怒和暴怒的表達

當我鼓勵你去表達憤怒或暴怒時，我假定你會以負責的方式去做。在表達這些感受時，不要把任何人拉扯進來。沒有人要為你的怒氣負責。沒有人能夠讓你生氣。你有怒火升起，是因為你內在有一個由壓抑下去的憤怒所形成的儲存庫。你必須要為此負責任。實際上，那些觸發你憤怒的人是你的朋友，他們為你提供了去釋放一些壓抑著的怒氣的機會。你甚至可以考慮去感謝他們。

仇恨

仇恨是冷酷的。仇恨是閉塞的。仇恨就是無法原諒。仇恨就是固化了的怒氣。不要把你的仇恨投射到他人身上，因為這會返回到你身上，如同你一照鏡子，你的臉就被映出來一樣。

你的仇恨從未被療癒的舊創傷中上浮。你的仇恨從此生未被滿足的需求中升起。

當仇恨從你的內在升起時，就讓自己充滿仇恨吧。進入仇恨的世界。去感覺它。去接受它。去表達它。但不要相信它。它雖然從你的內在升起，但並不是真相。只有愛才是真相。藉助臨在你才可以釋放過去。放下責怪。放下期待和怨恨。去要求你想要的，但不要執著於結果。要為自己未被滿足的需求負責。

慢慢地，仇恨會開始在你之內溶解，怒氣和怨恨會從你的生命中消失，唯有愛和當下時刻會存留。

感受

感受就像一條河流。它們本來要在你的內在自由流動。當你壓抑或者否認自己的感受時，你就已在河中築堤截流。

你已堵塞自己。不帶思考地去體驗這些感受，允許感受在你之內徹底表達出來。允許感受流經你。要允許感受在你之內保持其非個人化的屬性。

投射

當我們壓抑負面感受時，我們就很有可能會把這些感受無覺知地投射到他人身上。

舉例來說，假設你是個喜歡批判的人，但當你內在有批判的感受升起時，你不承認或認可這些感受。你也不認為自己是個喜歡批判的人，所以你是在否認自己。

於是，這股批判的能量會被投射到他人身上，你堅信在生活中都是他人在批判你。

結果，你會感到受傷，或者生氣，而且，你並不知道你所體驗的痛苦是由自己的投射造成的。

地獄

活在地獄，就是活在充滿了自己的各種負面投射的世界裡。

丹尼爾在獅子窩裡

有一天，我接到了丹尼爾打來的電話。他是我的一個學生，也是一位密友。他剛從西班牙旅行回來，感到心煩意亂，他問我是否可以盡快為他安排做個案。

第二天，我們就見面了。他跟我說，他感到十分抑鬱，甚至想自殺。他還說他感到毫無理由的恐懼，而且害怕人。

「你怕的是什麼？」我問。

「我怕他們要傷害我。」

他覺得十分困惑，因為沒有任何明顯的理由會讓他有這種感覺。我讓他回憶在過去的幾週內，他的內在是否升起過任何強烈的憤怒。每當有人跟我說有抑鬱感時，這就是我首先要查證的。

他仔細地考慮著我的提問。

「有一個人讓我非常生氣。」他說，「有一天晚上，我在塞維亞（Seville）的一個聚會上，遇到了一個很粗魯的醉漢。他的談話讓我很不舒服。」

「那你做了什麼？」

「我什麼都沒做。我不想惹任何麻煩。而且我有點怕他。他非常具有攻擊性，不過，不是外露型的。我害怕萬一我說了什麼，他會失控。我可能會遭到攻擊。」

「如果當時你能夠出自真心地去行動，而什麼都不用擔心，你會做什麼？」我問。

答案一下從他嘴裡衝了出來。

「我會把刀插進那混帳的喉嚨。」

丹尼爾回答的力度，著實嚇了我一跳。他的回答相當暴力，非常惡毒，非常真實，很有力量。讓人膽戰心驚。

「哇！」我說，由衷地感到驚訝，「這就是從你遇見那個醉漢起，被你一直憋在心裡的東西。由於你沒有把它表達出來，它就轉向了內在。而且，這種程度的暴力被你壓抑在內，會毒害你的。」

「但是，如果我當時讓那麼強的暴怒迸發出來，我就會因殺人罪而入獄。」他抗辯道，「我不可能讓自己去感覺那麼強烈的感受。那太失控了。」

「我不是說你該把它發洩到任何人身上。而是說，你得找機會允許那個能量以負責任的方式表達出來。你必須讓它向外表達。否則，它會內化並製造強烈的壓力。當你努力去控制這個壓力時，它會鎖住你的能量，而這就會導致抑鬱。」

我稍加停頓，以便讓他消化我所說的話。

「如果你繼續否認你內在有如此強烈的能量，它就很有可能朝你的外面投射。投射使我們能夠在無覺知層面緩解內在的壓力，而發生在你身上的，恰恰就是如此。你內在壓抑著的憤怒和暴力能量在向他人身上投射。於是，在沒有認識到是你自己在這樣做的情況下，你感覺外面的人對你有暴力、要殺掉你。結果是，你變得多疑妄想了。」

「我能做什麼？」他問。

「你必須要承認你有暴力的部分。你很暴力。你是個殺手。如果任何人傷害了你，或者侵犯了你，你就想殺了他們。要接受這股能量，接納它、坦白它並表達它，但不要對它有任何批判，這就是解脫之道。當你承認這股能量在你內在時，你就不會再把它向外投射。而且，當你徹底地、負責任地把它表達出來後，你就會從抑鬱中走出來。」

做完個案，他離開的時候，感到深深的釋懷。幾天後，我們又在一起吃午餐。他開玩笑地坦白說，他是個有暴力傾向的人，我應該多加小心，不要傷害了他的感情，否則他可能會殺了我。

我們一起大笑起來，並愉快地共進了午餐。

第七章

靈魂之旅

你必須把自己從過去釋放出來，
而過去並非僅限於這一世。

宏觀視野

我不想把一份原本很簡單的覺醒教導複雜化。不過，對自己所經歷的旅程要是有一個比較清晰的了解，對有些人會大有幫助。這會把你生活中所有的痛苦和艱難的經歷帶入宏觀視野，進而揭示出你存在於地球上是有著深奧的目的的。

真相是，你並非僅存在於這一世。你在母親子宮裡被孕育之前，你在靈魂界存在。在你死後，你會重返靈魂界。

靈魂之旅

你是一個跋涉在生生世世旅程上的靈魂。

在旅程開始之前，你存在於合一之中。你是永恆的存在體。你存在於天國之內，那裡與伊甸園無異。但是，你離開了天國。你離開了合一，進入了時間、二元對立和分離的維度。作為靈魂，這就是你的旅程的開始。靈魂的旅程穿越很多世，並隨著旅程的行進獲得一種身分感。生活在物質體中的每一世，都會加重靈魂的自我感，就如同你今生的每個重大事件都加重了你的自我感一樣。

如果在前世的輪迴裡，你曾經好鬥、控制欲強、粗暴施虐，絲毫不關心或尊重他人，這些負面的人格特性以及在那一世你的思想和行為的業果，就會在你死的時候傳遞給靈魂。

這些資訊會加重靈魂的分離感和無價值感。同時，這些負面的特質也會進入以後的轉世裡。

如果你被傷害了、被拋棄了、被孤立了或受到感情虐待了，這也會加重靈魂的分離感。如果你在某個前世中，學到了一些限制自己和挫敗自己的信念，這些也會進入你後來的人生，直到它們被帶入覺知，並從靈魂中釋放掉為止。

靈魂之旅的全部意義，在於淨化自己的負面特質，療癒過去的苦痛和精神創傷，並且釋放限制性的信念，所有這些都與靈魂在分離的幻象裡有關。

在你進入這一世之前，靈魂編寫了一個劇本。這個劇本會給你一個最佳的機會來實現它的目標。靈魂的目標就是回到合一，而你此世在地球上的生活，要麼會顯著地把靈魂帶向它的目標，要麼會阻礙靈魂的進程。

從這個意義上講，你是靈魂的特使。

你在地球上療癒的時候，靈魂也得到了療癒。你釋放那些限制性信念，它們也從靈魂那裡釋放掉了。當你為過去的施虐行為進行懺悔和贖罪的時候，過去施虐的業果也從靈魂那裡釋放掉了。

你在地球上越覺醒，靈魂也就更覺醒。而靈魂越覺醒，你在地球上也就更覺醒。這兩個維度，彼此相互依存。

因此，在你生命的終點，當你離開肉體而重被吸納到靈魂之內時，你不得不面臨以下問題。

你是否代表靈魂成功地完成了你的旅程？功課都已經學到了嗎？你的努力使靈魂得到淨化了嗎？還是你給靈魂帶回來了未被解決的創傷、壓抑著的感受、未被滿足的欲望、誤解、冤苦、衝突、孤立、恐懼和失敗感？

你已經償還了靈魂的業債？還是製造了更多的業果，需要在未來的轉世中去償還？

極有可能的是，靈魂還需要進行進一步的淨化。這個「出生—死亡—再生」的過程會持續下去，直到靈魂完全被淨化，重回與神合一的狀態。

懺悔

如果在某個前世，你很殘酷或者喜歡施虐，或者做過一些讓自己有罪惡感或羞恥感的事情，那麼，靈魂就必須要找到它贖罪的方式。

在接下來的幾世中，靈魂也許會進入一個人生劇本，以高度的孝心、善良和仁愛的服務作為贖罪的方式。

也許在這個人生劇本裡，還會有大量的靜心和虔誠的靈性修行。通常，這些也還遠遠不夠。一個曾經凌虐過他人的靈魂，必須要懺悔。前世的凌虐越多，就越需要懺悔。

但是，如果過去對他人的凌虐是一直處在無覺知的狀態，那麼真正的懺悔就不可能發生，因此，把過去的凌虐帶到覺知層面的方法就會出現在人生劇本裡。

作為懺悔的一種方式，靈魂有時候會創造一個劇本，讓人們扮演被虐者而不是施虐者的角色。這可以使他們了悟耶穌的那句話：

「己之所欲，施之於人。」

藉著有覺知地體驗被凌虐之苦，你就再不想給他人製造這種痛苦了。你的懺悔是真實、誠摯的。

只有機會

正如你兒時的痛苦或創傷的事件會影響你整個一生，你前世的各種痛苦和創傷也會影響你的生命。

為了使自己從限制性的過去解放出來，你必須要讓這些痛苦和創傷事件復歸覺知。這是療癒必不可少的一步，被恢復覺知的事件，是來自兒時還是某個遙遠的過去世並不重要。

事實上，你在今生所經歷的某個創傷，也許是深埋在你靈魂層面一些問題的投射。它為靈魂的療癒提供了一個極其寶貴的機會。

當你了悟到療癒和完成過去能釋放你進入當下時刻和生命的實相時，你就會明白，你生命中的每個問題、衝突與困難，實際上都是一個療癒和覺醒的機會。

恢復前世記憶

多年前我還住在澳洲時，一位四十歲出頭、名叫安妮的女士，參加了我們的活動。她是三個孩子的母親，用「不正常」來形容她的生活實不為過。

在她剛開始參加我的課程時，她充滿了恐懼和焦慮。她害怕離開家。她害怕開車。

她幾乎對什麼都害怕。不過，她也有讓人感到溫馨的地方。我猜在她的恐懼和受傷底下，埋藏著一顆金子般的心。除了參加講座之外，她也和我做了兩三次個案。

她的故事一點點地浮出了水面。在兒時，她曾被一位家庭成員性侵多年。這件事給她造成了羞恥感、罪惡感和恐懼感，這給她的生活帶來了破壞性的影響。

她童年時的另一個重大事件是，她五歲的時候，她的祖父在她玩耍的屋子的隔壁房間舉槍自殺了。她深愛她的祖父，而且在家裡跟他的關係是最親近的。就在他舉槍自殺的幾秒前，她還試圖擁抱他，卻被他煩躁地推開了。很莫名地，她把自己試圖親近祖父的舉動與他的自殺聯繫在了一起，並認為他的死是她造成的。這些事件在她的內在形成了很深的內疚感，而且她每天都活在這個內疚裡。

一個星期四的晚上，我注意到下課後她在房間的後面遲遲不走。等大家都走光了，她朝我走了過來。她看上去很絕望，非常需要幫助。

「你得幫幫我！你得幫幫我！」她說了好幾次，眼淚都快掉下來了。

「怎麼了？」我問，真的很吃驚，也很關心她。

「你得幫助我。」她哭著，又重複了一遍，「今天我檢查出有一個無法手術的腦瘤。他們說我只有三個月可以活！」

我感到我的能量被強烈地拉扯著。她好像要把所有的責任都放到我身上，而我的回答不僅讓她嚇了一跳，也嚇了我自己一跳。

「你現在還不明白？」我說，「你是死是活，對我來說沒有一丁兒點的差別。」

她難以置信地看了我一會兒，哭著跑出了房間。

「你是我見過的最無情、最可怕的男性。」她在離開的時候說，「我再也不和你說話了。」

那天晚上，我感到有些不安而沒有睡安穩。我對她的回答似乎完全沒有必要那麼不近人情，直到後來我才發覺當時的回答是有多麼的完美。

第二天早上十一點左右，她打來電話。

「我打電話來感謝你。」她說。

她聽起來很平靜且心裡很有底。

「你讓我回到了我自己。我明白了如果我要活下去，我就必須要對自己的境況負起責任。我想報名參加你十二月份的靜修工作坊。」

我快速地在心裡算了一下。

「不過，那是三個月以後的事了。」我有點擔心地說，「那可是你被斷定要死的時候。你要是死在我的工作坊上，我不知道我會有什麼感受。」

她很堅持，我就告訴她，如果她的醫生和家人都同意的話，她就可以參加。

她也問我是否在靜修前能跟我多做幾次個案。在所做的幾次個案中，我們獲得了重大的進展，把她童年時的很多痛苦記憶都帶到了覺知裡面；她的童年給她造成了很深的創傷。很明顯地，在情緒層面上她正在療癒。

我引導她並支持她去表達和釋放非常深的痛苦、暴怒和憤怒的感受。她幾乎帶了一輩子的恐懼正在減退。她開始對自己的人生感到充滿力量，並且開始樂觀起來。然而，腦瘤所引起的肉體痛楚增強了。有時候疼痛會讓她一點兒都動彈不了。頭痛常常使她淚流不止。與此同時，瘤的尺寸似乎在增大，而醫生說他們對此也無能為力。

我和她所做的一切雖然在很多層面都有療癒效果，但對她的肉體狀況卻毫無影響。

那年的十二月底，她參加了靜修工作坊。當時約有二十五位住宿的學員，而且他們都是以前上過我的工作坊的學生。

那是一次很震撼的工作坊。大約在第四天，我在和學員們分享一個深層療癒的過程，其目的是把童年時所有被壓抑下去的、被否認的感受帶到表層，以便使它們能夠有覺知地被體驗。

事實證明，這樣做的效果非常好。許多參加者重新體驗了過去的傷痛，允許眼淚和憤怒浮到表面，並把它們徹底地、有覺知地表達了出來。這是情緒療癒的關鍵。如果身體病症的根源是情緒擾動——而往往大多數的疾病都是由情緒因素造成的，這樣做也是進行身體療癒的關鍵。

對於安妮，這個療癒過程突然開啟了一個新的層面。好像是另一個維度的大門為她打開了，她發現自己進入了某個前世。當那一世的記憶和感受浮現的時候，她的體驗變得非常強烈。

我對療癒的過程有著很深的信賴，所以我只是允許一切自然地去發生，同時我自己則儘量與她保持臨在。我用話語鼓勵她、支持她，並向她保證她正在體驗的事情現在並沒有發生，而是來自前世。

她哭泣著，一遍又一遍地說她很抱歉。我能夠進入她的體驗並和她保持連結。她抽噎著說，她曾經是一個修道院的負責人，負責照料約一百名孤兒。她接到通知說敵軍的入侵正在逼近，而且他們一路上都在大肆搶劫、強姦。由於過度的恐懼，她選擇了逃跑，把所有的孩子遺棄給侵略者。罪疚和悔恨充滿了她的內心，並在臨終時進入了她的靈魂。現在，她的靈魂背負了這些罪疚和悔恨；它們在後來的每一世裡都會顯化出來，直到被釋放掉為止。

她祖父的自殺所引起的罪惡感，把她和那個前世連結在一起了。

在那一世，由於內疚感大到使她無法面對，所以她沒有真正地懺悔。然而，當安妮在工作坊上有覺知地體驗那次經歷時，她能夠代表她的靈魂進行真正的懺悔。結果，罪疚在很深的、無覺知的層面被釋放掉了，這在她身上產生了深刻的療癒效果。

罪疚的能量一定與她的腦瘤有關，因為當她工作坊結束回去看醫生時，腦瘤已消失了。醫生們都無法相信這一事實。

安妮不僅獲得了情緒和身體上的療癒，她的整個生命也轉變了。每次我回墨爾本，她都在機場接我。而那場靜修工作坊是二十多年前的事了。

真有前世嗎？

在一個週末工作坊上，班裡有一個學員體驗了一個頗為震撼的前世生活經歷。當這個過去世的經歷上浮進入覺知醒察並被表達出來時，深刻的療癒就發生了。

不過，班裡的另一位學員對所發生的事感到非常困惑，他把他的顧慮說了出來。

「你談論前世和業力果報。」他說，「但我從未有過對前世的體驗。對我而言，我們只有這一世的生命。你對前世的說法會讓人懷疑你的整個教導，不過我仍然很喜歡你跟我們分享的其他部分，它們都非常有道理。但我為什麼要相信有前世呢？」

我衷心地感謝他的坦誠。

「你的問題完全是合理的。」我告訴他，「我不會要你相信我所說的任何一個字。我的建議是，你不要僅僅是因為我講到了前世你就相信有前世，但也不要因此而不相信。在這個階段，唯一應採取的立場是『不知』。到目前為止，你還沒有經歷過打開進入你前世記憶的體驗，所以，前世與你不相干。」

他很認真地聽我繼續往下說。

「如果我要你接受我所說的一切，我就會把你帶入信仰的世界，而這對你是一種侵犯。我是絕對不會這麼做的！不過，我可以從我自身的經驗，而不是從企圖要說服你的立場，來單純地揭示出前世存在的可能性，以及靈魂生生世世的旅程。我對你的唯一請求就是要敞開。做一個不信者，並不比做一個盲目信仰者更高明。」

在我自己的經歷裡，我指導過一些人，這些人的前世記憶都是以非常震撼和戲劇性的方式自動浮現的，我絕沒有用過任何催眠、回溯或其他什麼方法來誘導。

我只相信那些自發上浮的前世記憶，而這只有當我們深入本體，我們的人性方面變得更加坦誠和真摯的時候才會發生。在我指導過的一些人當中，療癒和釋放過去似乎會自然地涉及到前世記憶，當然了，並不是所有的人都是這樣。

在我看來，前世存在的證據實乃毋庸置疑。因為這是我在指導別人時的親身經歷；我親眼看到在恢復前世創傷性的記憶後，療癒就發生了。我本人也曾回憶起我的多個前世。

釋放遙遠的前世

或許，如果我給你另外一個前世療癒的案例，並非是要求你相信有前世，這也許會說明你認識到前世存在的可能性。

有一次，我在指導一位二十歲出頭的年輕女士；她參加我的晚間授課已有大約三個月的時間。她也和我做過幾次個案。她是一位很有吸引力也很有愛心的女性，而且很正常，適應能力很強。除了一件事！她對男性的陰莖十分恐懼，不能讓任何一個裸體的男性靠近她。你可以想像這對她的個人生活，尤其是她的愛情生活，產生了多大的影響。

她參加了我在北加州舉辦的七日靜修工作坊。在工作坊上，她有強烈的情緒浮現出來了。

我的回應是鼓勵她去感覺那些感受，並徹底地把它們表達出來。開始我以為這些感受是來自她童年時的一些創傷性體驗，並在此基礎上給予她指導，但整個過程並沒有一點兒進展。

我忽然認識到她已經不在這一世了。我請她繼續閉著眼睛，但環顧一下四周，告訴我她是誰，在什麼地方，正在發生什麼事。突然間，在她的歇斯底里中，一個故事浮現了。

她是一個十二歲的女孩，住在非洲的一個村莊，她被奴隸販子綁架並被帶到了海上。在海上的時候，她遭到了很惡劣、很暴力的性虐待，這個可怕的性虐記憶非常強烈地翻騰了上來。

在她體驗了她前世最悲慘的經歷，包括她的死亡之後，她開始放鬆了。她平靜了幾分鐘，然後變得非常興奮。她開始繞著靜修中心奔跑，完全地處在狂喜狀態。她以極度的喜悅來慶祝自己從前世獲得了解脫。對我們在場的人來講，見證這樣一個強有力的療癒過程，實在是令人振奮。

那次療癒的結果是，她對性的恐懼完全消失了。不到兩年她就結婚了；現在有了兩個可愛的孩子。

療癒是必須的嗎？

在某些致力於覺醒的靈修法門裡，有一種觀點認為療癒是不需要的。還有一種說法是關注過去會使你留在過去，而唯一需要的是活在當下，這樣，也就沒有「過去」要療癒了。

這種觀點絕對正確。如果在日常生活和人際關係中，你能夠在根本上保持臨在，那麼療癒就是不需要的，因為過去和你已毫不相干。

然而，許多靈修者發現他們很難臨在。好像他們被困在了一個未被解決的過去而無法脫身。

對於這些人，如果他們想把自己從頭腦的世界裡釋放出來，並且能夠完全、永久地安住於本體的覺醒狀態，那麼，療癒就確實有必要。

沒有必要去尋找需要被療癒的是些什麼。你不需要專注於過去，只要臨在即可，本體就會為你做這項工作。不管需要療癒的是什麼，本體都會把它帶到覺知裡來。

當它浮現上來被療癒和完整時，你就釋放了過去，過去也釋放了你，這樣你就能夠深入當下時刻了。

臨在的療癒力量

當下時刻是進入過去之門，使真正的療癒和完整成為可能。通過本體的力量所獲得的療癒，絲毫不亞於奇蹟。它就像我們在調用神的恩典和力量，不僅要憑藉我們的全然臨在，同時還要保持我們人性徹底坦誠與真摯。

頭痛

在我的閉關靜修裡，有一位女士抱怨說，她的頭幾乎疼了一輩子。

「你現在頭疼嗎？」我問她。

她說疼。

「這是因為你不讓自己去感覺你的感受。」

「我想感覺我的感受。」她說。

我請她到台前來。在台上，我座位的旁邊有一把椅子。她在這把椅子上坐定後，我讓她閉上雙眼，並指導她進入了深層的臨在。

按照我說的話，她和自己身體的呼吸臨在，並和每一刻她所聽到的聲音臨在。

「現在我要你和頭痛臨在。它是當下時刻的一部分。它有權在這裡。全然地去感受它。跟它臨在。對它說『是』。」

當她和頭痛臨在時，感受開始上浮。她開始哭起來。

「就讓眼淚流吧。」我告訴她，「它們有權在這裡。」

她的哭聲更大了！而且開始抱怨說胃在疼。

每當我們壓抑感受的時候，很有可能的是，那些感受會堅持要引起我們的注意，而以肉體疼痛的方式顯現出來。

「和你的胃痛臨在。」我溫和地建議她，「它也有權在這裡。」

眼淚從她的臉頰流下。終於她在淚水中開口了。

「我感覺很不應得。」

「不應得的感覺也有權在這裡。感受它，和它臨在。」

我處理的方式很簡單，就是鼓勵她和每一刻所呈現給她的感受完全臨在。她隨著我的引導，一一感受了她所有的感受。過了一會兒，眼淚漸漸停了下來。她平靜了許多。

「你的頭痛怎麼樣了？」我問她。

「好多了！」她回答。只是單純地去感覺她內在所有壓抑著的情緒，頭痛就消失了，這顯然讓她很驚訝。「不過，我覺得右眼後面還是有點不舒服。有一小部分的頭痛還逗留在那裡。」

這個線索讓我知道有些事情還沒完成。在更深層次，有一些東西還需要療癒。

「不管你的頭痛還剩下多少，我都要你和它臨在。只是去感受它，就像你在照顧它一樣。」

我等著她進入臨在。

「現在，如果留在你眼後的那一點頭痛能夠透過你說話，它要說什麼？讓它經由你說出來。」

頭痛經由她說話。

「我不要在這裡。」它說。

「你為什麼不要在這裡？」我問。

她開始歇斯底里地哭了起來。

「我不想看。我不想看。」

「你不想看什麼？」

「大家都要死了。我周圍的每個人都在死去。我救不了他們。」

「他們怎麼了？」我問，「他們在哪裡？他們在怎麼死去？」

「他們在一棟房子裡，房子著火了。」

她尖叫：「喔，天哪！喔，天哪！」

很明顯，一個前世的記憶浮現了，我鼓勵她好好看著正在發生的一切，並且允許所有的感受完全浮上來。

「喔，我的天哪！」她哭著，「我無法幫助他們。我無法幫助他們。」她無法抑制地哭泣著，充滿了無助與自責。我鼓勵她待在感受中看著這個事件，直到它結束為止。

「請求他們原諒你。」我建議，「告訴他們你對救不了他們有多麼的難過。」

她在滿面的淚水中盡力遵循著我的指示。她請求那些死於火災的人原諒她，並對他們表達了深深的悲痛。突然間，她變得很安靜，而且一動不動。一股祥和之氣降臨在她身上。

「現在發生什麼事？」我問她，「結束了嗎？」

「是的。」她柔聲地說。

過了一會兒，我問她頭痛怎麼樣了。

「不見了！」她笑道。

她深深地鬆了一口氣，整個人看上去煥然一新。當我們臨在並且為自己的各個層面負起責任時，療癒可以達到的深度總是令我感到驚歎。

「你現在想睜開眼睛嗎？」我問她。

她睜開雙眼，開始感謝在場的所有人，感謝他們在她經歷這樣的痛苦體驗時一直與她臨在。她先是大笑，轉而哭泣，不過現在這些是喜悅和寬慰的淚水。這真是蒙福的一刻。

十二個月後，她再次來參加靜修，並告訴我們干擾她一生的頭痛完全不見了。自從上次靜修後，頭痛就再也沒有出現過。

療癒

我不認為療癒是一個心理過程。在真正的療癒裡，你在回歸自己的真實本性。這就好比是一層一層地剝洋蔥，直到本質層面的你顯露出來為止。這是回歸純真。這是回歸整體。

在療癒和釋放的過程中，重要的是，要認識到你沒有試圖除掉任何東西。你沒有試圖做任何分析。你沒有試圖修正任何東西。

所發生的，只是你在允許所有被你壓抑下去的痛苦情緒和記憶進入覺知，因為在當時，它們太過痛苦而使你無法完全地、有覺知地去體驗它們。當感受往上浮進入覺知和負責任的表達時，過去就完整了，並且從你和你的靈魂裡被釋放掉了。

當你臨在的時候，允許所有的感受往上浮是很安全的，因為你知道它們和當下時刻毫無關係，而且你也不會認同編織在感受之中的故事。

但是，療癒的真正關鍵是當感受浮現時要與它們臨在。對於恐懼、需求、受傷和憤怒的感受，只有允許它們真實地表達出來，同時在表達時要有人真正地與它們臨在才能被解決。而那個與它們臨在的人就是你，在本體中的你。

瑞秋與大屠殺

在紐約，一個週二的晚上，我剛跟大家講完坦誠和真摯在我們人性中的重要性。

「你奉獻給神的禮物是坦誠。」我跟他們說，「神回贈給你的禮物是真理。」

在接下來的幾分鐘裡，室內一片沉寂。我正準備開始講另外一個話題時，注意到有一個人怯生生地舉起了手。這是瑞秋，一位四十多歲、很瘦的女士。她是猶太人，住在曼哈頓。

「我想坦誠。」她說，「對我來說，臨在相當困難。我的整個人生都充滿了恐懼和擔憂，我不明白為什麼會這樣。」

「你願意到前面來，坐到這把椅子上嗎？」我問。

她慢慢地往前移，很小心地穿過在她前面椅子上和靠背椅上坐著的人。她坐在台上的椅子，看上去非常緊張、害怕。她的眼睛朝下看，試圖躲避大家的視線。

「你現在感覺害怕嗎？」我問。

「我一直都害怕。」她回答。

我感到她的恐懼來自於她內在很深的層面。

「我想問你一個問題。」

我等了一下，直到在場的每個人都安靜下來。

「你跟大屠殺有關係嗎？」

她的臉上掠過一絲愁容。

「是。我覺得是。」她回答。感受從她內在很深、很隱蔽的地方開始浮現出來。「大約二十年前，我在一個展會上，當時在燃放煙花爆竹，我突然開始尖叫，一遍又一遍地喊著『納粹來了』，而且我試圖把自己藏起來。我整個歇斯底里了。這太怪異了。」

她開始抽泣，我勸她和感受待在一起。

「當你聽到那些爆竹聲時，」我說，「這聲音觸發了一個比較久遠的記憶。發生了什麼事？你記起了什麼？」

「我不想知道。」她說，「它太恐怖了。」

顯然，她不想重溫這個可怕的記憶。

「你一直處在恐懼之中，是因為這個來自前世的恐怖記憶一直被埋藏在你無覺知意識的暗處，而它的投射一直貫穿著這一世。那一世的生活給你的靈魂留下了很深的創傷。」

她哭得更厲害了。

「能使療癒發生的唯一方法，是允許所有和那個前世記憶有關的感受進入到覺知裡。」

「可是，我已經做了很多情緒方面的治療！」她抗辯道。

「這不是情緒治療。」我說，「這是靈魂的療癒。」

在我說話時，我跟她非常臨在，她一直害怕著的所有感受開始上浮到表面。

「很好。就這樣。」我說，「讓一切都上來！」

在接下來的五分鐘裡，她所有被壓抑著的感受都上浮進入到覺知。當她在那一世所體驗的細節歷歷再現時，她尖叫著，哭泣著。

她當時只是個小孩。她被納粹帶走和家人分開了。這讓她滿懷恐懼。從那時起，她再也沒有見過她的親人們。

「做得好！」我安慰她，「允許所有的感受進入覺知，你就把自己從痛苦的過去裡釋放出來了。」

當感受勢不可擋，使我們無法有覺知地去體驗時，我們就會把它們壓抑下去，而這樣做，我們就把自己越來越深地帶進了無覺知狀態。在我們死的時候，那些被壓抑下去的感受就被靈魂吸納，並被帶入隨之而來的轉世。

在這個案例裡，這個極度恐懼和恐怖感，在那一世瑞秋死的時候被吸納到她的靈魂層面，並一直主導著她在這一世的生活，讓她無緣無故地感到恐懼。

藉著回到這個過去事件，她能夠把懼怕和恐怖重新帶回到覺知，這樣它們就從她的靈魂以及她現在的生活中釋放掉了。這使她能夠比較容易地放鬆下來而進入本體。

瑞秋表達了她的感恩之情，並回到了台下的座位上。那晚，她的分享使每個在場的人都深受感動。

在那之後，她仍繼續來參加我們的活動，我看到在接下來的幾個月裡，她的變化十分顯著。她更臨在、更有力量，也不怎麼害怕了。這確實是個美妙的轉變。

並非人人都有如此強烈的議題

對於我們大多數人而言，只要你知道方法，療癒過去就很簡單，毫不複雜。我們大多數人並沒有受到如此大的創傷，而必須要回到前世才能得到療癒和完整。這一世就已經足夠了！

信賴

我的經驗是，你可以始終信賴在療癒和覺醒過程中所升起的一切。無論是來自兒時的痛苦或憤怒，還是來自前世的某個創傷性事件，如果你還沒有準備好，它就不會浮現。

療癒和釋放過去都有其自然的時機。你可以信任這個時機。只要放鬆、允許和表達即可。並且在整個過程中要保持臨在。如果沒有任何東西從過去升起，那麼就相信這一事實。

覺醒之路

所有過去世的你，都像影子一樣行進在你的身後。他們在等待你的徹底覺醒。他們在等待你返回家園，回到合一、愛、智慧、寂靜和慈悲之中。

那個曾經是孩童的你，仍與你同在。他在等待著他一直想要的無條件的愛與接納。因為這最終會療癒他、安撫他、使他放鬆並臣服進入你本體的浩瀚。

不僅僅是那個在你身後行走的兒時的你，你過去世的所有轉世化身都仍然與你如影隨形。求道者、海盜、劫匪、聖人！你邁向合一的每一步，他們都在為你鼓掌歡呼。

假如在這一世，你在覺醒之路上的進步超過了以往任何時候，那麼你所有過去世的化身都會和你一起前進。你的學習就是他們的學習。你的成就就是他們的成就。你的圓滿就是他們的圓滿。因為他們一直與你在同一個旅程上。你的回歸就是他們的回歸。

他們會愉悅地臣服於你的內在。因為你是真正的大師。你代表他們找到了道。他們會消失融入你的內在。過去會消失進入當下時刻。

第八章

靈魂的功課

你是你靈魂的勇士。

現在就學習你的功課吧！

靈魂的功課

從靈魂的角度看，僅憑療癒過去的傷口和創傷、傷痛，以及釋放業債，並不能使靈魂朝著自身的永生前進。如果靈魂要復歸合一，它需要學到一些基本功課。

愛的真正本質是什麼？力量的真正本質是什麼？接納的真正本質是什麼？慈悲的真正本質是什麼？自由的真正本質是什麼？真正的責任是什麼？

以上就是你代表靈魂要在這裡學到的功課。

二元性的教室

我們在時間世界裡的一切體驗，都發生在二元對立之內。我們所了知的一切，都存在於二元對立之內。沒有冷，我們怎能知道熱？沒有短，我們怎能知道長？沒有夜晚，我們怎能知道白天？沒有關閉，我們怎能知道打開？

如果上述體驗確實如此，那麼同理，沒有拒絕，我們怎能知道接納？沒有悲傷，我們怎能知道快樂？沒有痛苦，我們怎能知道喜悅？

沒有幻象，我們怎能知道實相？如果愛不缺失，我們怎能知道愛？沒有神的不在，我們怎能知道神的存在？沒有分離，我們怎能知道合一？二元對立是我們的教室，生活是我們的老師。

編寫靈魂劇本

如果你反思你人生中的關鍵性主題和事件，尤其是那些被你定性為負面的、艱難的或痛苦的主題和事件，你會開始辨認出你來這裡要學習的一些功課。你會辨認出靈魂想要療癒來自過去的問題都是什麼。

如果排斥一直是你生活裡的重大主題，那麼你一定是來這裡學習接納的。就是這麼簡單。

靈魂很清楚所有的學習都在二元對立之內進行。它知道為了要學習接納，它必須要體驗排斥；因此，在你來到這一世之前，靈魂就很詳細地寫下了自己的劇本。

這個劇本以你為主角。你的父母是你劇本裡的主要配角。

你的準母親在她的生活中經歷了很多排斥。她很生氣。她害怕親密。你的準父親很批判、很挑剔。顯然，這兩個人完全符合你劇本的要求。他們會給你大量被排斥的體驗，而這是你能夠學會接納這個功課的唯一途徑。

在精心挑選了父母之後，你在母親的子宮裡被孕育了，以肉體形式而存在。你對在這一世學到靈魂的功課寄予了厚望。

然而，在你被孕育的那一刻，你就忘記了你是誰，以及你來這裡的原因。你忘記了你的靈魂早已寫好了劇本的每一個細節。你忘記了你來到這裡要學習的內容。

你所知道的僅僅是你在體驗很多的排斥，而且你很不喜歡。你只是個小孩啊。

你開始拒絕體驗排斥。那些由排斥所引起的未被滿足的需求、受傷和憤怒的感受，被壓抑在你的內在並累積起來。在你死的時候，這些感受就進入了你的靈魂。

在你離世時，你又重新回到了靈魂層面的覺醒。

你記起了自己應該學到的功課。你記起了為自己編寫內容詳細的劇本。你認識到你還沒有學到自己的功課，因此你開始準備從頭到尾去重演這個不幸的劇情。

也許，你在一世接著一世地一直在重複同一門功課，重演同一個故事。只是名字不同！身體不同！演員不同，著裝不同，但卻是同一個劇本！

明智的做法是，你要仔細地觀察自己的人生故事。要細緻地審視你的劇本。你的生活環境對你揭示了什麼？你在這裡要學習什麼？你在這裡要療癒什麼？不會為時已晚。生活是你的老師，現在就學習你的功課吧。

喜悅與痛苦

如果你來這裡要學習、體驗喜悅，那麼你的靈魂就必須在你的生活中製造一定的痛苦。你無須在痛苦裡徘徊。你所要做的就是接納和體驗痛苦，它就會將其祕密顯露給你。之後，你就會從痛苦裡解放出來進入喜悅。

這個原則也同樣適用於憤怒與慈悲、悲傷與幸福、恐懼與愛、控制與自由。不要執著於正面感受，也不要批判或排斥負面感受。只要放鬆並接納二元對立的兩個方面即可。這樣做，就會在你的生活裡建立平衡；就會把你帶到中心。

愛的真相

當你臨在時，你就是愛。你愛誰或愛什麼並不重要。如同蠟燭發光一樣，你在發出愛的光芒。當你確實臨在的時候，愛是非個人的，它會擁抱所遇到的一切。

你是愛

如果你愛一個人或一件物品，那是因為你是愛。如果你過多地與你所愛的對象糾纏在一起，你會忘記自己是誰，你會把自己迷失在所愛的對象裡。

需要被愛

當你迷失在頭腦裡，以Ego運作的時候，你就和生命的源頭分開了。你和愛的源頭分開了。你與神分開了。因此你處在絕望之中。你害怕孤單一人。你想要人陪伴你，以便不會感到那麼孤單與分離。你想要某個人在生活中能夠完整你，使你感到圓滿。

於是，你們發現了對方。你墜入愛河。在一段時間內，你覺得自己完整了。但是這種狀況並不會持久。因為，你無法在自身之外找到圓滿。那是不可能的。愛的源頭不可能在你之外被找到。遲早，頭腦層面的愛一定會以失敗而告終。

你會一次又一次、一世又一世地被迫返回自己的分離狀態。直到你回頭。直到你向內看。直到你記起你是誰。

當你臨在時，你就是愛。你本自圓滿無缺。只有你進入頭腦幻象的世界太深的時候，你才感受到分離。要小心。要警覺。要待在當下時刻的世界裡。記住自己是誰。你是愛的存在體。你就是愛本身。

非個人的愛

當你臨在時，愛，就像一輪圓月高高地懸在無雲的夜空。它的光輝遍灑萬物而無有分別。它柔軟，溫和。用自己的光沐浴著你。

如果你對愛有所保留，或者在分享愛時有分別心，而使有些人被寵愛，其他人被冷落，那麼你就把本體純真的愛——也就是你的本質，交給了頭腦去使用。你就已經把愛帶進了二元對立的世界。你就已經邀請了仇恨進入你的生命，使仇恨成了愛的伴侶。

記起你是誰

如果我是臨在的，那麼我就是一個愛的存在體。如果你是臨在的，那麼你也是愛的存在體。既然如此，我為什麼需要你愛我？你為什麼需要我愛你？這種被愛的需求，無非表明了你在分離裡迷失了。與其在幻象的世界中追求愛，不如回到本體，記起自己是誰。

選擇愛，而非恐懼

我們在頭腦層面所做的幾乎所有的決定和選擇，都是由恐懼所驅使。

由恐懼驅使所做的決定，會帶你更深地進入頭腦幻象的世界。不要讓恐懼帶你進入歧途。找到你內在的寂止、寧靜之處，愛就在那裡。要了悟你存在的本質就是愛。

讓寂止、寧靜的愛之聲成為你的嚮導。

分享愛

一旦你已覺醒並接受了自己的孤獨，那麼最大的賜福就是去分享你內在升起的愛。每一個新的瞬間都是展現愛心的最佳機會。你可以用最簡單的方式去分享愛。要溫和、輕柔。要充滿關心、友善。以很平常的方式去愛，不求任何回報。如果你是臨在的，那麼你的任何言語、行為都將是愛的表達。

責任

在生活中，絕大多數的時候，我們摒棄了對自己人生的責任。你在以某種方式為他人負責任，而他人也在為你負責任。

你對他人懷有期待，如果期待落空，你就感到憤憤不平。都怪他們。都是他們的過錯。

他人對你也懷有期待，當期待落空時，他們也有怨氣。他們要怪罪你。都是你的過錯。

你要做的就是，宣告自己不為任何人負責任，你就卸下了這個責任的重負。

你為何不這麼去做呢？

因為你不宣告他人不需要為你負責任，你就無法宣告自己不需要為他人負責任。你必須得完全放下你對他人的期待，而這就意謂著，當你不能隨心所欲時，不要責怪他人。當你沒有得到你想要的，這並不是他人的過錯。你要為自己負責任。

自由的代價

自由的代價是允許自由。對於我們大多數人而言，這個代價太高了。

真正的責任

真正的責任涵蓋了四個方面。當這四個方面全部呈現在你的生活裡時，你才可以說自己是真正負責任的。

第一，你必須要應對（respond）。不管當下在發生什麼，你必須能夠自發地去回應。如果你餓了，就去吃。如果渴了，就去喝。如果聽見音樂，就去跳舞，或唱歌。如果你看到喜歡的人，就上前問個好。

帶狗去散步吧。狗會教給你什麼是回應。

第二，為自己的各種情緒反應（reactions）承擔全部責任。在生活中你會不斷地對人、對事產生情緒反應。你感到受傷，或氣憤，或被誤解。你覺得自己不被愛，或者難過，而且，這些都是別人的過錯。都是別人該受責備。他們就是要為你的反應負責任。

你的情緒反應幾乎完全是緣於你的條件反射和你過去的經驗，和當下發生的一切沒有絲毫關係。

第三，要搞清楚自己想要什麼是你的責任。很少有人真正知道自己想要什麼。童年時，人們在學會依順父母的欲望的過程中，「知道自己要什麼」的天性就被剝奪了。在這個過程中，他們的力量就被奪走了。

要活在真正的責任中，你必須要回到自己的天性，知道自己想要什麼。

你想要的，是即刻的、真實的，是從當下時刻生起的。它和未來無關。只有當你知道自己即刻要什麼，你才能夠得到滿足。

如果你想要的來自於頭腦，那麼它就是一個欲望；其目的是幻想著在未來得到過去所缺失的那些能給你帶來滿足的東西。這種欲望會把你帶入更深的分離。它永遠不會滿足你。

第四，也是最後一個方面。你要為自己的覺醒負起責任。每一個瞬間，你都要為自己是否臨在負責任。

把自己從頭腦世界的監獄裡解放出來，覺醒進入當下時刻，是你至高無上的責任。而這個責任，需要你時時刻刻都牢記在心。

抉擇與後果

真正責任的另外一個特點在於，要認識到你所做的每一個選擇都不可避免地會有接踵而至的後果。

在這方面，吃東西就是一個非常簡單的例子。如果你選擇定期去吃漢堡和炸薯條，其後果不僅無法避免而且也在預料之中。你的體重會增加。

如果你選擇一貫性地刻薄對待你的伴侶，其後果也是無法避免而且在預料之中。你會有一個不幸福的婚姻，而且很可能會以離婚收場。

如果你選擇壓抑自己的感受，這就可能會導致抑鬱或生病。即使你的這個決定在童年時就做下了，主動去審視它也是明智之舉。

不管此刻你在生命中正經歷著什麼，都是你在過去所做的選擇的直接後果。學會如何把後果與選擇連結起來，你就會進入真正的責任裡面。

只有那時，你才會看到你在用自己的選擇來創造你生命的體驗。一旦你真正明白並接納了這一點，你就會把覺知帶給每個選擇。這樣做，你就成了自己生命的主人。

自由意志

自由意志存在於我們決定生命體驗的選擇能力之中。有一個最根本的抉擇影響著其他所有的選擇。當我們認出這個最根本的抉擇時，我們就會覺醒。

根本抉擇

有一個人想像著他可以和神對話。

「什麼是自由意志？」他問。

「就是做選擇的自由。」神回答。

「為什麼您給了我們做選擇的自由？」這個人問。

「這會教你怎麼去負責任。」神回答。

「這是什麼意思？」

「意思就是，你所做的每一個選擇都有不可避免的後果在尾隨其後。當你明白了這一點，你就會帶著對後果的覺察而有覺知地去做選擇。只有那時，你才會負責任地活著，知道是你的選擇創造了你生命的體驗。」

這個人謝過神的啟示，由衷地感恩。

「不僅如此，」神說，「我給你的自由意志是個考驗。我在等待，看看要過多久你才會做出那個在所有選擇中最重要的抉擇。我一直在等，歷經一切永恆，卻只有極少數人認出了這個根本抉擇。」

「您所說的那個根本抉擇到底是什麼？」他熱切地問。

「你選擇住在哪一個世界？」神繼續說道，「你是選擇活在當下時刻，也就是生命的實相，而我是它的創造者？還是選擇活在頭腦的世界，也就是幻象的世界，而你是它的創造者？這就是根本抉擇！我摯愛的，你選擇哪一個世界？因為取決於你選哪一個，這個根本抉擇所帶來的後果會截然不同。」

「後果會有怎樣的不同呢？」

「答案很簡單。」神回答，「一個選擇通向天堂，而另一個去往地獄。」

力量

人類迷失在虛假的力量裡，已經有無數世了。如果我們想成為覺醒的物種，力量是我們必須要學習的基本功課之一。

在頭腦和Ｅｇｏ層面，當你和他人相比處在一種有權有勢的地位時，你會覺得自己很有力量。當你能夠把自己的意志強加於他人時，你就獲得了力量感。而那個人就成了你力量的受害者。

但是，這種形式的力量相當不穩固。

由於你把力量帶入了相對關係，也就是二元對立，因此，你必然要體驗二元狀態下的力量。

有的時候，你比他人力量大。而有的時候，你的力量比較小。有時候，力量會被你濫用，而在其他的時候，你會被力量凌虐。

這種情形可以發生在一世之內，也可以連續發生在許多世。在一世，你是施虐者。在下一世你成了受虐者。這種狀況會一直持續下去，直到你認識到真正的力量是從內在升起，和其他任何人都沒有關係。

只要你仍然捲入虛假的力量，你就無法覺醒。

虛假的力量

我們追求虛假的力量，也就是與他人相比較而形成的力量，是因為在深層無覺知的層面，我們感到軟弱無力。

控制模式

要生活在真正的責任裡，你必須要放棄為了獲得壓倒他人的力量所形成的各種控制模式。

我們有些人利用憤怒和攻擊來控制他人。有些人利用批評和批判來控制他人。有人利用隱瞞和退縮的方式來控制他人。有些人則利用受傷和無助來控制他人。

控制的方式有各種各樣。找出你的控制模式，並下定決心去超越它們。恐懼，就要控制。愛，則會允許。

真正的力量

真正的力量，與任何人或物無關。真正的力量非關個人。當你全然臨在時，真正的力量會從你的內在升起。它是生命力，是它在賦予你力量去表達你的個性，並使你自由地活在世間。

真正的力量會帶你進入生命的圓滿與活力。它會使你充滿神的化現。它是神的一個維度。

一個真正有力量的人，絕不會干涉他人。一個真正有力量的人，絕不會控制他人，或把自己的意志強加給他人。一個真正有力量的人，絕不會批判他人。

「一」的力量

由於真正的力量從「一」升起，因此它沒有與之相反的力量。對立面僅存在於二元對立。

在最深層面，真正的力量是愛，而且遲早，世界上所有勇猛的鬥士們都要認識到這個簡單的真相。

批判

本體，究其本質，是接納、允許和包容。如果你有批判，你就無法臨在，其原因很簡單，因為在本體裡沒有批判。

批判的能量會即刻把你拉離本體。它會把你帶入分離，而且，只要你繼續批判，你就會一直留在分離裡。

超越批判是覺醒的主要關鍵之一。但是，你怎麼做才能把自己從批判裡解放出來？

如果你排斥批判或試圖除掉它，它就會在你內在興盛起來。每當批判從你內在升起時，你必須要去接受它、承認它、坦白它和表達它。而且，你必須要沒有任何批判地去做。

每當批判從你內在升起，只是承認它。不要害怕它，不要批判它。在一個臨在的人面前坦白，或向神坦白；神就在你內在寂靜的最核心處。

「神，您看到了嗎？批判升起了。我向您坦白，神。我知道您不會就此批判我，因為您完全沒有任何批判。」

重要的是，要承認有批判的能量。坦白它，但不要相信它。

誇張的表達會很有幫助。花一個星期的時間，讓自己充滿極端而荒謬的批判。四處走走去批判「花」。跟「花」說，它的黃色讓你不舒服。跟「樹」說，它們長得不夠高。對「天空」說它不夠藍。要裝模作樣！要誇大它！要盡情地玩兒！不要把自己當回事。

每當你批判自己或他人時，你對此要有覺察並坦白出來。漸漸地，你會把自己內在批判的能量全都暴露出來。這樣它就會失去控制你的力量。它會開始消解，不是因為你在試圖去除掉它，而是因為你在盡情地擁抱它、接納它。

批判會在愛與接納面前臣服。

沒有了批判，把你禁錮在分離的世界裡的東西就不在了。現在你自由了，現在你就像神一樣。你沒有任何批判，你可以回歸合一的家與生命的實相了！

這其實是可以讓全人類解脫的教導，但願人類會聽從。

坦白

坦白，是個強有力的煉金術。你不是在告白某個罪行以期被寬恕。坦白，只是提供給你一個機會，讓你坦承自己變成了什麼樣的人，以及在無覺知中你都做過什麼。

真正的坦白必須在一個完全臨在、沒有絲毫批判的人面前進行。如果你找不到真正臨在、沒有批判的人，也可以對著一棵樹坦白。樹不會批判你。或是向神告白，神就存在於你內在寂靜的最核心處。

在坦白這種方式裡，你是在承認所有被你否定、否認掉的自己的各個方面。那些被你隱藏、否認、批判或壓抑下去的方面，都活在你的無覺知裡。如果你要覺醒，就必須毫無批判地將這一切全部帶到覺知當中。而坦白就可以讓你做到。

罪

你「無覺知的罪」是唯一之「罪」。

擁抱陰暗面

很多靈修者都在追求光明。他們認同自己光明的一面而批判自己的陰暗面。他們在努力使自己變得神聖。然而這是一條有缺陷的途徑，它會導致壓抑和否認。

真正的覺醒涉及到擁抱你的陰暗面。這並非意指你要認同你的陰暗面，當然更不是指你要把它付諸行動。但是，否認它就意謂著它會透過你而無覺知地表現出來。

超越善惡

善與惡的觀念僅存在於二元對立之內。在真相中，沒有所謂的惡。

這樣的論述似乎超越了所有的道德觀念與行為準則，可能會導致混亂。沒有對與錯的感覺，我們如何能夠彼此和平共處呢？

如果我們無覺知地生活在這個星球上，迷失在頭腦裡並以Ego的方式運作，那麼，道德行為準則就是必須的。善與惡的觀念就是必須的。員警和監獄就是必須的。作為遏制的手段，對地獄和懲罰的信仰就是必須的。在我們的無覺知狀態下，我們對人對己都很危險。

然而，如果我們從根本上是臨在的，道德行為準則就變得毫無意義。《十誡》就變得陳舊過時了。

當我們臨在的時候，我們生活在與萬物一體的認知裡。我們的思想、作為與行動都出自於覺知。我們的行為始終都是正直的，沒有人會受到傷害。

我們是愛，而且我們在世界上的一言一行都充滿愛。未經深思熟慮，我們不會砍倒一棵樹。而且，我們只在絕對必須的時候才去砍樹，如果我們這樣做了，我們也會找到與自然界和諧的東西來置換那棵被砍掉的樹。

惡人

我們定義下的「惡人」，在現實中，是那些拒絕感受自己的痛苦，而給他人製造傷害或痛苦的人。他們自己的痛苦大到無法承受。作為一種逃避策略，他們不是去感受自己內在所壓抑著的痛苦，而是將其傳遞給他人。

大部分施虐的人，都曾經遭受過虐待。仇恨是對感到不被愛的一種反應。如果你從來沒有被愛過，你怎麼可能會去愛他人？

如果這一切在你內在一直處於被壓抑狀態，那麼，你由於不被愛而感受到的傷害就會轉化為憤怒，憤怒會變成仇恨，而仇恨又會演變為暴力。

於是，我們把有暴力行為的人判定為惡人。我們去譴責、去懲處，但很少去深入審視惡人那顆黑暗的心。在那裡，我們會發現極深的無法承受的痛苦，而在痛苦的最核心，我們會發現一個顫抖的小孩，在渴望得到愛。

從父母到子女

我曾經為很多成年人做過個案，他們在童年時，父母中的一方或雙方曾對他們進行情緒或肉體上的虐待。

我們在療癒的過程中，有一點總會變得很明朗，那就是虐待小孩的父母，自己在兒時也被虐待過。他們在兒時有太多的恐懼、受傷和憤怒的感受而無法承受，因此他們就把這些感受壓抑了下去。這些被凌虐的小孩長大成人後，就成了虐待小孩的父母。

這種情況的發生，是由於他們不願意去體驗被壓抑下去的感受。他們不允許這些痛苦的感受進入覺知，相反，凌虐的母親或父親會用他們的父母對待他們的方式來對待自己的孩子。

扮演凌虐孩子的父母這個角色，比感受小時候被凌虐的痛苦要容易得多。

凌虐現象一直充斥著整個人類歷史。作為一個物種，我們必須學會如何與我們內在壓抑著的感受正確相處。否則，這種凌虐現象會無休止地持續下去。

我們必須要學會如何有覺知、負責地去感覺和表達我們的感受，這不會對其他人造成傷害。學校應該教授這門課程。父母們應該受到這樣的教育，才不會無覺知地把自己的痛苦傳給孩子。以這種方式，我們可以逐漸地轉變我們人類的生活與社會。

黃金定律

當你學會為壓抑在內的感受負起責任時，你對自己的想法和行為會更加有覺知。

你能夠更好地遵守黃金定律。你不會用別人待你的方式去對待他人，而是會有足夠的覺知醒察去運用「己之所欲，施之於人」這一黃金定律。

覺醒之時

當你覺醒時，分離就結束了。在時間裡，你以個體身分在生活，但同時，你又植根於當下時刻的真理實相內。隨著覺醒過程的深入，靈魂的較高維度會進入物質形體之內。

你存在的精神本質會流入你的生命。

你會體驗到神的意識（Mind of God），一種浩瀚、無聲的寧靜，充滿了無盡的光芒。你會體驗到，一切物質體都是神的身體，散發著唯一真神的鮮活臨在。你會體驗到神的純淨本質：愛。

當你覺醒進入本體中時，頭腦世界的黑暗會漸漸被照亮。你會有週期性的強烈光明，消融你在幻象中的一切信念。雖然這個過程比較緩慢，但你肯定會開悟。你會認清所有的真相：你是誰，你一直身在何處，一直在做何事。當你覺醒時，本體的覺知會逐漸為你顯露真相；首先是關於你自己和你人生的真相，之後是關於你在精神和靈魂層面存在的真相。

宗教

宗教，是Ego想要活出本體的真相的那部分。基督教，是集體Ego謀求活出基督真相的那部分。佛教，是集體Ego尋求活出佛陀真相的那部分。伊斯蘭教，則是集體Ego追求活出穆罕默德真相的那部分。

宗教一定會失敗，因為Ego無法活出本體的真相。只有覺醒進入本體的人才可以活出本體的真相，而Ego永遠無法知道當下時刻。它始終存在於分離之內。

不要做佛教徒

不要做佛教徒。做佛。

不要做基督徒。做基督。

《十誡》消失了

你是否知道，在本體，《十誡》消失了?你不需要《十誡》。它們是為無覺知地活在地球上的人們所制定的戒律。《星條旗之歌》（The Star Spangled Banner，編註：美國國歌）也消失了。在本體，把我們分開的所有國界的概念都消失殆盡。即使《天佑女王》（God Save the Queen，編註：英國國歌）也消失得無影無蹤。在本體裡，人人平等。

你是自己靈魂的勇士

你是自己靈魂的勇士。不管你代表靈魂到地球來學什麼，都永遠不會失去。對前世創傷的療癒是永久性的。償還的業債會將靈魂從巨大的負荷中釋放出來。你在地球上所做的努力，會使靈魂的生命及其自我感發生轉變。

你也許來這裡要學到愛、接納和自由的真實本質。你也許來這裡是要喚醒你內在慈悲和仁愛善良的品質。你也許來這裡是要承擔真正的責任，並把靈魂從責備與內疚的傾向中解救出來。你也許來這裡是要克服前世印刻在靈魂上的你是受害者的想法。你也許在這裡是要認清你在他人那裡迷失自我感的方式及原因。你也許來這裡是要為過去的行為贖罪或療癒過去的人際關係。

我們來這裡要學習很多功課，但是，這裡有一個靈魂自己沒有察覺到的主功課（萬能的功課，Master Lesson）。

在我披露這個主功課之前，我想先指出靈魂所犯的錯誤。

靈魂的錯誤

靈魂相信，如果它能夠透過生生世世來完美自己，它就會重回合一與永恆。把它期望的結果寄託於未來。這就是靈魂所犯的錯誤！

這也是我們在地球上所犯的錯誤。我們相信我們會在未來的某個時間覺醒或開悟。

真正的覺醒，永遠不會發生在未來。它只能發生在當下這一刻。每當你完全臨在時，你就是覺醒的。你就是開悟的。你就回歸了合一。這不可能發生在未來。它只能發生在現在。

不管是你的靈魂夢想著在未來的某一世回歸合一，還是你夢想著在未來的某個時間開悟，其結果都一樣：你不在當下時刻，而錯過了真正覺醒的機會。

主功課

有很多的功課要在很多世去學習。但主功課就是：合一和永恆早已在這裡，而且一直就在這裡。神已經在這裡，也一直在這裡。你所尋求的已經在這裡，而且一直就在這裡。

是你的尋求把你帶偏。它把你帶入頭腦的深處。迷失在頭腦中的你，試圖在那裡找到答案，而此舉讓你在幻象與分離的世界陷得更加深遠。

你在這裡，是為了要記起我們是誰。你在這裡，是為了要從分離的幻象裡醒過來。你在這裡，是為了要了悟並體驗你自己與神的合一。你在這裡，是為了要找到回家之路。

當下時刻，是回家之門。當下時刻，就是你的家。當下時刻，昭示了合一。它揭示了神在萬物中的鮮活臨在。它彰顯了人間天堂。

如果你能夠掌握讓自己完全臨在的藝術，你就學到了這門主功課。

你定會把自己從思維頭腦世界的監獄裡解放了出來。你定會戰勝了分離的幻象。你定會回到了合一。

這是一門交付給你靈魂的功課，但並非是在你死亡之時，而是即刻。當你能夠安住於本體時，靈魂就轉化了。靈魂就被療癒了。靈魂就回歸合一了。

學習主功課，是要成為你靈魂的拯救者。透過你的努力，你的靈魂將能夠有覺知地體驗永生。在這個意義上，你就是名符其實的自己靈魂的勇士！

第九章

神與存在的永恆維度

信仰神，

阻礙你體悟神。

完美世界

有一個世界，存在於我們已知的世界之內。自太初以來它一直至臻完美。它是個隱形的世界，永恆地等待著被發現。

它是異乎尋常美麗的世界。它是充滿奇蹟、令人驚歎的世界。它是魔幻的世界。不滅，永恆，完美！

它是個鮮活的世界，每時每刻都在與你連結，與你息息相關。樹木、鮮花、鳥兒以及昆蟲，都是你仁愛的朋友，在與你共用這完美的世界。

它是個隱藏著的世界，就藏在你生活著的世界之內。它是神的世界。它是當下。它是人間天堂。

天堂顯現在人間

在較深的本體裡，你會遇到神在一切存在之內的鮮活臨在。在較深的本體裡，天堂在人間被彰顯。

神是

神是「一」。神是一切之內的那個「一」。神是寂靜的本體，位於所有存在的核心。神，作為如是的一切永恆地存在著。神，是永恆的實然（Is-ness）。神是。

神近在咫尺

當我談到神時，我不是在講你的身外之神，或者在某個遙遠天庭裡的某位神。神近在咫尺。此刻所呈現的一切都是神。當下時刻就是神的顯露。

體悟神

神，無法用頭腦去了知。在意識層面，我們按照自己的形象創造了神，而且我們試圖把神人格化，以便有東西可供我們信仰（信奉）。只要我們仍然信仰神，我們就永遠無法通過自身的直接體驗去了知神。

神是真實。神在當下。然而，我們不在。大多時候，我們在頭腦的世界裡存在著，而這是過去和未來的世界。要體悟神，你必須要來到神所在的當下時刻。

神不是幻象

人類思考的頭腦世界是幻象的世界。這是神唯一不存在的地方，因為神不是幻象。

神是造物主，也是被造物

神是造物主，也是被造物。找到作為造物主的神很難，而找到作為被造物的神就很容易。每個被造物都是神。凡是有物質形體的一切都是神的身體。讓自己與神的身體臨在，你會開始與一切存在之內神的鮮活臨在相遇。

神的身體

每座山峰、每塊石頭、每粒沙，都是神的身體。每棵樹上的每一朵花、每一片葉子，都是神的身體。海洋與它內含的一切，都是神的身體。每個宇宙之內的每個行星、每個遙遠的星辰都是神的身體。你吃的食物、你喝的水、還有你呼吸的空氣，都是神的身體。你自己的身體也是神的身體。凡是以物質形式存在著的一切都是神的身體。

信仰神

信仰神，阻礙你體悟神。信仰是意識的功能，而我們只能透過直接體驗來了知神。信仰神是我們不了解神時所訴諸的方法。

神是有，神也是無

在當下時刻的真理實相裡，神是一切，一切是神。什麼都是神。即使「無」，也是神。

空

當你臨在的時候，你的頭腦是寂靜的。念頭停止了。過去與未來消失了。你的見解、觀念和想法都已消失進入「無」（nothing）。

有些人對這個狀態的體驗是「空」（emptiness），這就使他們感到缺失了什麼。然而，這並不是「空」，而是「滿」（fullness）。當你臨在的時候，你充滿了寂靜。你充滿了「無」。放鬆，就成為徹底的「無」吧。

在寂靜中

在與神的直接體驗裡，我們在全然的寂靜裡。我們完全浸沒於當下這一刻。一切的分離都消失了，唯有合一。唯有神是（God is）。唯有永恆。唯有「實然」（is-ness）。沒有念頭。只有一個寂靜的知（silently knowing）：你在神之內，神在你之內，而且，你與神是一。

神是萬顯

神，無處不在。對於宗教信仰者來講，這是個令人寬慰的概念。對於臨在的奧祕士而言，這是活生生的實相。

神在內

神存在於你內在寂靜的最核心處。當你覺醒到了你內在的神時，你會發現在你外部一切之內的神。當你進入與神合一的狀態時，即便是「在你之內」與「在你之外」之間的差別也將消解。

痛苦的核心

二〇〇三年十一月，在一個六天靜修工作坊的最後一天，阿德里尼舉起手分享。在靜修的早些時候她就告訴大家，她患有癌症，沒有多少時間可活了。這種狀況讓她感受很大的肉體痛苦。

「對於我來說，這幾天真是不可思議。我感覺被在場的每個人滋養了。但是肉體的疼痛實在太大，使我無法真正地臨在。我很奇怪地感到我和自己以及在場的每個人都是分開的。最糟糕的是，我感到和神是分開的，這實在讓人難以忍受。我已經接受死亡，但是在我死之前，我想體驗神。」

我請她到前面來，坐在我旁邊的椅子上。過了一會兒，她放鬆了下來，而且十分臨在。

「現在，只是去感受疼痛，不管它是在你身體的哪個部位。要跟它非常地臨在。我要引導你進入疼痛的核心。」

我能看出她在跟隨著我的引導，所以我就繼續往下做。

「我要你進入疼痛的最核心，就像進入風暴的暴風眼裡那樣。徹底地去感受疼痛，並進入它的核心。」

當我感到她已經在疼痛的核心時，我就問她在體驗什麼。

「它像個黑洞。」她回答。

「和這個黑洞保持高度臨在。它在你的面前嗎？你在往它裡面看嗎？它在哪裡？」

「它在我的下面。」她小聲地說。

「我要邀請那個黑洞升上來，展開並裹住你，你只要放鬆，保持臨在就行了。你能感到這一切正在發生嗎？」

她說她能感覺到。

「這個黑洞看起來是不是在無限地擴大？」

「是的。」

「它是很寧靜、很祥和嗎？」

「是的。」

「它是靜止的嗎？」

「是的。」

「你對它最貼切的描述是空，還是充滿了無？」我問。

「感覺它是滿的，不過那兒什麼都沒有。」

「放鬆，進入這個無限的『虛無』中。和它臨在，擁抱它。」

她放鬆了下來，過了一會兒，她看上去處在一個內在狂喜的狀態。我沉默了幾分鐘，然後問她在體驗什麼。

「感覺好像我是在神的手掌裡。」她回答。

「很好，就放鬆進入這個狀態。去感覺神在你內在的臨在。」

我停頓了一下，然後繼續我的引導。

「問問神，這是否是合一的一刻。」

她向寂靜中提問，然後點點頭。

「問問神，這一刻的合一是否是永恆的。」

再一次，回答為「是」。

「向寂靜中提問，是否神永恆地與你在一起。」

當神回答時，她大聲地說了出來：

「我始終都和你在一起。我不可能離開。我就是當下時刻，而且我是當下時刻裡的一切，包括你的疼痛。當下時刻怎麼可能離開呢？離開的不是我。是你！」

「如果我和疼痛臨在，我就會和您保持連結嗎？」她問。

「和在此處的存在體臨在，包括疼痛，你就會一直感受到我的存在。」

「我會感到什麼？」

「你會體驗到我是寂靜、祥和與愛。」

最後，阿德里尼睜開了眼睛。她容光煥發，環視著大家。

「你在這一刻有什麼感受？」我問她。

「我覺得好極了。」她說，「我不知道和神連結原來是這麼簡單。太感謝你了。」

「很好。在這一刻你感到有任何肉體疼痛嗎？」

「沒有。」她回答，「我只感覺到愛。」

合一

在本體的最深層，分離已不存在。個體性也消失了。向神禱告已毫無意義。誰在那裡禱告？又在向誰禱告？那裡只有合一。

但是，你並非一直處在這個層面的本體與合一。當你在時間的世界裡以個人身分運作的時候，你就有了一個體驗自我和神的機會。這是個賜福。要深深地感恩。

真正的祈禱者

臨在，就是在真正祈禱者的狀態。

感恩

神對感恩的能量的回應，勝過一切。

熱愛神

有些人發現他們很難表達對神的愛。實際上，他們對神很憤怒。他們把自己所經歷的痛苦歸咎於神。他們把自己或他們的親人所受的苦難歸咎於神。一位慈愛的神怎麼可能允許有如此的苦難？

因此，他們背離了神。他們關閉了自己心中愛著神的那部分。通常，他們的這些反應來自於無覺知層面，並往往在某個遙遠的過去世就開始了。

對神關閉，就是對當下時刻關閉，因為當下時刻就是神的彰顯。那些對神關閉的人，已經被更深地帶入分離的幻象，被更深地帶入了黑暗的核心。他們與神的關係已經遭受破壞，而需要被修復。

這些來自過去的創傷和感受，必須要被帶入覺知。對神的仇恨和暴怒必須要被表達出來、坦白出來。神不會批判你或排斥你。相反，神會喜歡你這樣做。這會使你恢復對神的愛。這會療癒你的心。

與神交融

禱告、靜心、唱頌、高歌、跳舞、擊鼓，這些美妙的方法，都能夠把你從限制性頭腦的世界裡解放出來，並使你進入與神無聲且富有活力的交融狀態。要發揮你的創造力。找到你自己與神相處的方式。

誘惑

Ego把你誘離當下時刻的能力是無限的。

Ego可以用在未來成就的許諾來誘惑你。它可以用過去的知識來誘惑你。它甚至可以用在未來某個時候你會開悟的承諾來引誘你進入它的世界。

神怎麼可以和這些競爭呢？神的世界受制於此刻此處。神只能用已經在這裡的存在體來吸引你，而無法用已逝去的或可能會出現的來吸引你。

因此，誰會選擇當下時刻？誰能經得住Ego的誘惑？沒有多少人。只有少數幾個被賜福的人。

追求

有一個人在尋找通向幸福的鑰匙。一天，他看到一位聖人正在路邊坐著。

「我在哪裡可以找到幸福？」他問。

「就在這裡。」聖人回答。

這個人環顧一下四周。

「但是這裡什麼都沒有。」他說。

「這裡什麼都沒有，」聖人回答，「那是因為你不在這裡。如果你不在這裡，你怎麼知道這裡有什麼？」

這個人顯得很困惑。

「讓自己和樹木全然臨在。」聖人說，「和花兒、鳥兒以及遠處的山峰全然臨在。」

在聖人的指導下，這個人讓自己進入了全然臨在的狀態，而且在他這樣做的時候，一切都開始發生變化。樹木變得富有生機和活力。它們充滿了光，好像亙古未變。花兒突然綻放成彩虹的顏色。鳥兒的歌聲充滿了他的雙耳。他能夠感受到微風輕撫著他的面龐。太陽柔和地溫暖著他。他開始感到極度的平靜與祥和。他的頭腦完全寂止了。沒有起一絲念頭。他感到愛從心裡升起。他感到合一與完美。他在狂喜和極樂中。他非常、非常快樂。

就在這時，他聽到一個聲音從他內在響起。這是他的Ego的聲音。

「不要聽這個老糊塗蟲的話！」這個聲音說，「他能給你什麼？就只是幾棵樹，幾株花，以及遠處的山峰。這些什麼都不是。我可以給你更多。你所要做的就是思考，一切就都是你的了。你所要做的就是幻想，我會帶你到那裡。我可以保證給你世界上所有的寶藏。我可以承諾給你名望、權力和榮耀。問問這個所謂的聖人他能否給你這些？」

聖人搖了搖頭。

「我能夠給你過去所有的知識。」聲音說道，「問問這個聖人，他是否能給你這些？」

聖人搖了搖頭。

「我能夠答應給你一個更美好的未來，」聲音說，「問問這個聖人，他是否能夠做到？」

聖人搖了搖頭。

「我能夠修正你生活中所有的錯誤。我能夠帶給你希望。問問這個聖人，他是否能夠做到！」

聖人搖了搖頭。

這個人已經聽夠了。

「你能給我什麼？」他問聖人。

「只有當下這一刻所呈現的一切。」

聖人回答。

「就是這些了嗎？」他問。

「除此之外，再沒有了。」聖人回答。

他想了一會兒。

「沒法比！」那個聲音洋洋得意地在這個人的腦子裡說，「根本就不是對手！」

「這裡什麼都沒有。」這個人說，「就只是幾棵樹，一些花草，以及遙遠的山巒。」

說完，這個人繼續上路了，去追求他的Ego所承諾給他的一切。

聖人看著這個人消失在路上。

「根本就不是對手。」聖人對著樹木、花，以及遠處的山峰說，「沒法比。」

神的考驗

如果你選擇臨在，那麼，隱藏的寶藏就會漸漸地顯露出來。一開始，看上去並沒有什麼，會顯得很平常。這裡面沒有什麼是給你的。你也無法利用它來做什麼。不過，這是神的考驗。

即使沒有什麼是給你的，你仍然會臨在嗎？你會為了神，而不是為了你自己臨在嗎？你會只因臨在是生命的實相而臨在嗎？你會以你的臨在來榮耀神和神的世界嗎？你會為了神在這裡嗎？

信任神

信任神很簡單，就是臨在。

神的永恆本質

創造物在不停地自生。生是死的搖籃，死是生的子宮。創造與毀滅是神的兩面。誕生的，必死亡。死亡的，必重生。開始的，將結束。結束的，將再始。這就是神的永恆本質。

永恆的現在

沒有很多的時刻。只有一刻，這就是永恆的「現在」這一刻。一切都發生在永恆的「現在」。

在這一刻，人們在走路，鳥兒在飛翔，樹葉在飄落，花兒在盛開，所有這一切都發生在永恆的「現在」這一刻。

開啟進入奧祕

當你全然臨在時，你就開啟進入了存在的奧祕。這個奧祕是如此之深，它已超越了理解。當你認識到這一點時，理解的需要就消失了。

信賴神

每棵樹上每一片樹葉的飄落，都是根據神的計畫在準確的時間裡，按照準確的方式下落。觀看一片葉子的降落，它到地面的旅程，每個細節都已經被神完美地設計好了。它在風中的每個動作，方向的每次變動，每次起伏、飛揚和降落，早在這棵樹存在之前，其完美的細節就已經被神設定好了。

如果神對樹上一片葉子的旅程，都有如此完美的策劃，那麼，神對你的策劃會有多完美呢？

接納

信賴神，就是完全地接納如是。這並非意謂著你要消極地生活在世界上。而是，你要懷著愛，誠實、正直地去生活。你活出有力量的人生。

不過，如果事情沒有按照你的意願發展，那麼你要相信，不管正在發生的是什麼，都恰好是為了你的至善而本該發生的。

或許，這是神給你的一個功課，即使你現在還看不到它的價值所在，但日後會證明它的寶貴。或許，比起你給自己的計畫，神給你的計畫要更加的宏偉。

與神競爭

當我們迷失在頭腦裡時，我們以Ego的方式在世間運作，我們在和神比賽爭當造物主。我們在製造自己的幻象世界，所以我們註定要住在裡面。

神的旨意

不管在這一刻正在發生什麼，都是神的旨意，只因它正在發生。排斥此刻所發生的任何事，都是違背神的旨意。而且，當你抗拒神的旨意時，你就製造了自己的苦難。

牢記神

如果你記得神，並在生活中能夠持續覺察神的臨在，那麼，你努力的創造性會與神的創造物完全和諧一致。

你不會與神競爭。你不會去創造任何與神的創造物發生衝突的東西。你不會去創造任何對神的創造物有害或有毒的東西。你不會去創造有損於神所造物的自然美和壯觀的東西。實際上，你的貢獻會使神的世界更加美麗。

你是海洋，也是浪花

你既是海洋，也是浪花。在本體的最深層，這個海洋是寂靜的、深邃的、無限的、靜止的，你所有的個人身分感都已消失。沒有分離感，也沒有個體的表達。

但當浪花湧起的時候，你就恢復了你的個體性。現在，你在表達這個獨一無二的你。現在，你是浪花。你是海洋在以浪花表達它自己。

超越神通

有一次，在我的晚間授課期間，埃文舉起手提問。他最近剛從紐約搬到聖塔克魯茲，以便能夠定期參加我的教學活動。他有和藹、純真的性格，我覺得這部分很招人喜歡。

「李爾納，你真的開悟了嗎？」

「這取決於你對開悟的定義。如果你是指全然覺醒的本體狀態就是開悟，那麼，我一直就在這個覺知狀態裡。它從未離開過。事實上，我就是那個覺知狀態！如果你說的開悟是指那個讓無覺知的一切上浮進入覺知醒察的過程，那麼我可以告訴你，我始終就是這樣的。」

「那你就是開悟的！」

「我無法回答你這個問題，埃文。當我真正醒來的時候，我是全然臨在的。我存在於合一之中。頭腦沒有了思考。沒有了內在的評論員。我只是在這裡，我的頭腦是寂靜的。沒有觀察者與被觀察者之分。所以，是誰在那裡評價或定義呢？我是在合一與『實然（Is-ness）』的狀態。別人也許認為我在那一刻就開悟了，但我卻無法這麼說。理由很簡單，因為我的覺性已經不是分裂的了。」

埃文看上去放鬆地進入了本體，不過，我看到他的頭腦中又升起了另一個問題。

「你能施展神通（奇蹟）嗎？」他問。

「我對那東西沒興趣。」我回答，「耶穌曾經施展神通，可有誰真的是因為那些神通覺醒了？我很懷疑！最偉大的神通是在當下時刻全然覺醒，體驗生命的實相。神通是給那些信徒的，這些人沒有神通支撐他們的信仰，他們就不會去相信。那些從自身的體驗了悟神與真理的人並不需要神通。生命本身就是神通。這一刻就是神通。對我來說這就足夠了。」

純真

純真的人，是願意安住在「不知」（not knowing）狀態的人。

奧祕士，是允許存在依然為奧祕的人。

這一刻足夠了嗎？

一天，有一個人非常的臨在，他聽到了神對他說話。

「這一刻足夠了嗎？」神問。

「是的，當然了！」他回答。

「很好。」神說，「那你可以留下來。」

「如果我回答的是『不』，會發生什麼呢？」他問。

「那你就不可能繼續在這裡。你就得離開當下時刻去尋找更多。」
「不過，我會去哪兒呢？」
「你唯一可去的地方就是你頭腦的世界。」
「我在那裡會找到什麼呢？」他問。
「只有空洞的記憶和虛假的承諾。」神回答，「以及一個永遠也不會到來的未來！」

神要做什麼？

如果神無法喚醒我們，神就不得不把我們搖醒！醒來的時刻到了。

與神對話

一個人在摯誠地尋找神。

「我愛你，」他喊著，「可我不知道如何找到你！」

「你要靜止，」神回答，「要寂靜，要臨在。放眼看，你會見到我。豎耳聽，你會聽到我，因為我無處不在。這在開始也許很困難，因為我並非肉眼可見，我在隱身。而且，我說話總是輕聲細語。如果你要聽到我，你就必須要寂靜。如果你要見到我，就必須要靜止不動。如果你要感受到我，就必須要柔軟、敏感。如果你要了解我，就必須要純真。放下所有關於我的信仰吧，因為我超越信仰。不要試圖去想像我，因為我是真實而不是想像。不要以你的形象來塑造我，因為我超越一切意象。要誠摯，你就會找到我，因為我是愛，而且我一直和你在一起。你不可能搞明白我的樣子，所以，不要去試。只要臨在、寂止，去觀察即可。我在這裡。」

神的話

「我是一切之內的『一』。我是有，也是無。我是始，也是終。我是永恆的寂靜。我是亙古不變的祥和。我即『我是』。在我之內，真理必被了知。通過我，一切將被揭示。我在你本體的最中心。我是你的根基。我是你的磐石。在我之上，你可以修建你的耶路撒冷。」

第十章

活在世間

一旦你覺醒，
你將如何活在
鮮有人覺醒的世界裡？

兩個世界

有兩個世界同時存在，當下的世界和時間的世界。很多人害怕覺醒。他們認為如果他們徹底覺醒了，他們就無法在時間的世界裡運作了。

在本體的某個層面，情況確實如此。很有可能，你是如此的臨在，以至於時間消失了。你絲毫沒有生命在此刻之外的感覺。也沒有你在此刻之外的感覺。這就是天堂在人間的體驗，其美妙絕倫遠遠超乎想像。

這是最高層次的覺知狀態。你已完全沉浸在當下這一刻，體驗著合一與永恆。你沉浸在存在的奧祕之中。這是極深的喜悅，你感到沉醉在愛裡。

但是在這個層面的覺知裡，你無法在時間的世界裡生活，因為時間沒有了。你所熟知的生活已經消失。你無法去參與此刻之外的任何事情。

因此，我推薦一種比較溫和的開悟方式，它允許「時間的世界」與「當下無時間的世界」和睦共存。

沒有什麼理由使你不能把這兩個世界帶入平衡與和諧。你必須要掌握在「當下無時間的世界」和「時間的世界」之間自由往來的藝術，但採取的方式要使你永遠不會真正地與當下時刻失去連結。

臨在使生活更美好

臨在，不會奪走你在時間世界裡的生活。它會提升你的生活品質。臨在，並不意謂著你不再思考了。它意謂著你的思考會更加清晰。

立志覺醒

作為覺醒過程的一部分，你設立的意願一定要正確。首先，要決心每天臨在很多次，這最終會讓當下時刻成為你存在的範圍與根基。除非臨在是你生命的第一優先，否則你不可能覺醒。

你的第二個意願：當你在時間的世界裡遊戲時，不要認同把你帶入頭腦的所有故事情節、念頭、想法、概念、見解和信念。你不要把它們當作真相去相信。過去已經消逝，未來永遠不會到來。你知道只有此刻才是生命的實相。

我並非暗示在頭腦層面的生活應該停止。這是不可能的，也是不可取的。不過，能夠成為可能的是，即使我們冒險進入頭腦的世界，由於我們是如此的覺醒並深深地立足於當下時刻，而永遠不會和生命的實相失去連結。

第三個意願，需要你盡全力去做，即：要覺察到你以何種方式、以及在何時被拉出了本體。這會使你熟知自己的Ego和頭腦。

覺醒過程的第四個意願：即使在時間的世界裡運作，你也要活出愛和真相。你已不再以Ego的形式活在分離的世界，現在，你的存在和表達都與你自己非個人的、永恆的維度完美一致。

第五個意願：在二元對立的、時間的世界裡生活時，掌握保持平衡的藝術。這可以通過超越批判來達成。

當下時刻，沒有問題

在當下時刻，沒有問題。只有要回應的情境。

當你臨在時，你擺脫了來自過去的束縛，所以你的回應總是恰當的，不複雜且富有成效。

即使你的車子在鐵路平交道上熄了火，而火車正在迫近，你也沒有問題。你只是有一個當下的狀況要應對而已。

覺醒的生活

覺醒者或開悟者，以活在當下時刻為主。即使是進入頭腦在時間的世界裡運作，他們也始終清楚當下時刻才是生命的實相。

開悟者，活在愛與接納的狀態。分離的幻象已經消失了。他或她活在與萬物合一的強烈感受中。

開悟者，生活在沒有批判、沒有恐懼、沒有欲望之中。而且對存在「非個人和永恆層面」有著持續性地覺察。

他或她很慈悲，而且行為永遠正直。他們不可能不誠實。

真正開悟者，視他人與己平等。對動物界和自然界的生靈也是如此。開悟者不可能故意傷害另一方。

超越變化

在恒常的變化中，開悟者明瞭他或她是那永遠不變的「一」。

豐盛

當下時刻一直呈現給你它無限的寶藏，使你充滿喜悅。

和遠山之上的斜陽臨在，或是和一隻飛入無雲晴空的鳥兒臨在。和拍擊海岸的浪花、一條流動的小河、一朵盛開的鮮花臨在。

和海洋上一輪圓月所發出的柔和光芒臨在。和歡笑的兒童、飄零的落葉、鳴唱的鳥兒臨在。和雷鳴與閃電臨在。

如果你專注於神的自然世界的豐盛，那麼你生命的各個方面都會充盈、豐盛。

表達自己

當你全然臨在的時候，你沒有任何表達。你是完美的寂靜，並沉浸在「現在」這一刻。這是「實然」的狀態。你已經超越了你的個體性。

你的個體性在你的表達中升起。是在你的表達裡，你的獨特性才得以顯露。

追求卓越

追求卓越，遠勝過追求成功。

生命的目的

我們在這裡的唯一目的，就是「在這裡」。也許你的生命還有個次要目的，但是如果本體未在你之內覺醒，它就沒有什麼價值。

讓生活作你的老師

在生活中，你所遇到的每一個人，所發生的每一件事，也許都會有一些有助於你覺醒的東西要揭示給你。

不必時時臨在

過覺醒的生活，並不需要你時時臨在。只要你植根於當下時刻的實相裡，進入頭腦和時間的世界就是完全適當的、安全的。

你必須要填報稅單。你必須要記住下一次看牙醫的時間。沒有頭腦，你都不可能去做最簡單的工作。你甚至都不會知道自己的名字。

只要你知道生命的實相僅存在於當下時刻，你就可以隨意進入頭腦虛幻的世界。

不過，我建議你把每次進入頭腦的時間控制在最多兩個小時之內。兩個小時後，你要出離頭腦，並在本體裡待上一兩分鐘。這樣做會幫助你保持和當下時刻的連結，尤其是在覺醒的初期。

在工作的時候，你理所當然地要去思考。但是，要時不時地停下思考。去和角落裡耐心佇立著的植物臨在。和你面前桌子上放著的筆臨在。與隔壁辦公室傳過來的聲音臨在。

進入頭腦就是一次進入幻象的旅程。明智的做法是，要和基地保持聯繫，否則，你會迷路的。你可能會找不到回家的路。

在無覺知的世界裡保持覺知

隨著你的覺醒，你必須要為自己在時間世界裡的生活負起責任。你必須去工作，或者掙錢來滿足自己的生活需要。

你如何做到這一點又不會迷失在頭腦裡？在一個幾乎人人都聚焦在過去和未來的世界裡，你如何保持臨在？當你已不再被恐懼和欲望主宰，而且不再被未來成就的許諾所誘惑時，你如何活在一個充滿了恐懼和欲望的世界裡？

只要你不被Ego的恐懼和欲望驅使，本體的品質就不會失去。

不要把自己和他人比較。放下批判、控制和操縱的模式。不要跟隨Ego的衝動、渴求和習慣。也許你需要花一些時間才能克服這些慣性模式，不過如果你真的下定了決心，這並不難做到。

盡可能地選擇待在當下時刻。只在很清醒的意圖下，才去思考。讓Ego的意志臣服於你存在的一個較高維度，尊崇當下時刻是生命的實相。臨在。順應。真實。要感覺你的感受。要知道自己每時每刻要什麼。這會在生活中圓滿你，並持續地、一刻接著一刻地更新你。

為了在時間的世界裡運作，不要害怕活在比較淺的臨在層次。凡是真實的就不會失去。這只是個平衡的問題。只要本體的覺醒狀態是你生命的基石，你就不會走偏。

充滿力量的生活

過充滿力量的生活，是指你知道自己要什麼，不要什麼，而且能夠很清楚地、平和地表達出來，並對結果毫不執著。

當然，你也可以妥協，但是不要讓步太多以至於不再對自己真實。

你的終極力量在於，你可以離開自己不喜歡的任何情境。你可以離開幾分鐘，可以離開幾個小時，你也可以永久地離開。這就意謂著，你再也不用作受害者了。

你要什麼？

有一天，神在靜靜地坐著，給許多人來親近的機會。第一位是個二十歲出頭的年輕人。

「你要什麼？」神問。

「我不知道。」年輕人回答。

「那麼我無法給你想要的，」神說，「你搞清楚後再來吧。」

第二位是三十五歲左右的女士。

「你要什麼？」神問。

「我渴望被愛，但我覺得自己不值得被愛。」

「我無法給你連你自己都覺得不配得到的東西。」神說，「先去療癒你的創傷，等你覺得自己值得愛的時候，我會把愛帶入你的生活。」

下一個來到神面前的，是一位四十多歲的男士。

「你要什麼？」神問。

「我想在鄉下找一棟房子，這樣我就能過安靜祥和的生活了。」這位男士說，「不過，我也想要城市生活的刺激。」

「如果你自相矛盾，我就無法給你想要的。」神說，「要真正搞清楚你決定住在哪裡。那時，我才能給你想要的。」

接下來，是一位五十多歲的女士。

「你要什麼？」神問。

「我想要名望、金錢和成功。」這位女士說，「我想變得異常的富有。」

「我會把你要的給你，」神說，「但只是為了教育你，讓你知道這並不會圓滿你。」

之後，是一位六十多歲的男士。

「你要什麼？」神問。

「我什麼都不要，」他說，「因為在我看來我什麼都有了。」

「很好。」神說，「對你，給的必將更多。」

與神共同創造

在最深層的本體，你不會與神共同創造。你認識到神是唯一的造物主，你所有想創造的欲望或需求都消失得無影無蹤。你完全沉浸在合一與永恆裡。當你注視著神的創造物時，你會處在真正謙卑和感恩的狀態。

不過，當你參與時間世界裡的活動時，創造性的思考與表達就是可行的、恰如其分的。你可以與神共同創造。你可以與神合作。

正如神在創造出你要的東西時要發揮作用一樣，你也要去發揮你自己的作用。

這讓我想起了一個古老的教學公案。曾經有一位蘇菲信徒，他過著很簡單的生活，每天和他心愛的駱駝們在沙漠中遊蕩。他對神絕對地虔誠，並且對神篤信不疑。

一天，在夜幕降臨的時候，他像往常一樣，開始動手搭帳篷。

他吃了麵包和扁豆，一頓很簡單的晚飯。他正要把駱駝拴好以便過夜，突然心生一念；如果他確實信賴神，就不該把駱駝拴住。他應該相信神會照看他的駱駝，而駱駝們第二天早上應該很耐心地在那裡等著他從熟睡中醒過來。

「我完全信賴祢，」他告訴神，「請照看這些駱駝吧。」

那晚他睡得很安穩，第二天早上，他走出帳篷去跟他心愛的駱駝們打招呼。他四下看了看，嚇了一跳。接著恐懼和悲傷把他淹沒了——駱駝們不見了！

「我不明白！」他哭著問神，「我是愛祢的。我完全地信任祢。我的駱駝怎麼會全不見了呢？」

這時，他聽到了神的回答。

「手長在你身上。你去拴住駱駝。」

就像這個故事裡的蘇菲那樣，要在生命中創造出你想要的一切，你也要發揮自己的作用。

首先，要非常清楚地知道自己要什麼。要很精準。把你所要東西的詳盡細節告訴神。然後，就去做你該做的那部分。為了把你想要的帶入自己的生活，不管這需要你做什麼，你都要去做，而且要勤奮地、帶著愛去做。

獻身於導師

有一種傾向是，人們會把真理的源頭投射到另一個人身上。這種情況常常發生在我們和老師的關係裡，而這會成為真正覺醒的障礙。

一個星期四的晚上，我在科特．馬德拉（Corte Madera）的工作坊裡，蘿拉舉起手發言。她是一個很誠懇的年輕女孩，最近剛參加過我舉辦的五天靜修活動。

「我很困惑。」她說，「一部分的我想要把自己全部奉獻給你。我可以感受到內在升起的那股奉獻的能量。不過，另一部分的我感到很害怕。我不信任你，我想逃離你。」

「這是很自然的。」我回答，「當有人跟你非常臨在時，這是個很美的體驗，這是我們彼此可以分享的最完美的禮物。你感到愛我也是很正常的。不過，危險的是，你會把愛的源頭投射在我身上，而這會使你迷失在自己的奉獻裡。」

她坦承幾年前她曾經這樣對待過她跟隨的一位上師。

「在地球上，很多人會與致勃勃地鼓勵你去投射，用你的奉獻去支持他們。他們希望你把自己全部獻給他們，而不信任作為你奉獻的附屬品必然就會升起，這是不足為奇的。」我停頓了一會兒，給她時間去理解我所說的話。

「一位真正的導師，不會允許你把愛的源頭投射到他身上。他或她會很善巧地把愛返照給你，直到你認識到你所感覺到的愛是從你的內在升起，而你才是這愛的源頭。一位真正的導師會堅持要你收回你所有的投射，不管是正面還是負面的投射。一位真正的導師也不會允許你在奉獻中迷失自己。」

我看得出她在放鬆。

「在這一刻你有什麼感受？」我問。

「我感到非常臨在。」她輕輕地回答，「而且我感到對你有強烈的愛。」

「那很美。」我告訴她，「如果你跟我非常臨在，你就會有愛我的感受，這才是最自然的。正如我感到愛你一樣。現在轉離我，與這些花臨在。」

她轉過身去，跟我旁邊桌子上的花非常地臨在。

「你現在有什麼感受？」我問她。

她回答的時候，看上去光芒四射。「我感到對花有強烈的愛。」

「很好。」我說，「如果你要注視著遠山，你會感到對山的愛。當你臨在時，你就是愛，而與你臨在的每個東西，都會將這份愛返照給你。」

世界和平

集體，是由我們每個人所組成的。集體層面上不管在發生著什麼，都是我們每個個體的反射。

如果你要世界和平，那就盡你一己之力，去參加和平聚會的遊行、寫宣導信，積極地去參與政治。盡可能地去壯大自己和他人的力量，但是，首先你要面對自己內在的陰暗面。當你否認自己的陰暗面時，它就會以各種無覺知的方式，不僅在你的個人生活裡，也會在世界範圍內顯化出來。

當你沒有批判地去接受並承認自己內在的陰暗面時，你就把它轉化了。你就超越了它。隨著你超越二元對立中的「善與惡」和「對與錯」時，你就覺醒進入了合一。這是把真正的改變和永久的和平帶給我們這個世界的唯一方法。

如果你認為自己在與善良為伍，而你的對手在與邪惡為奸，你就是這場無休止戰爭的一員。沒有惡，就沒有善。它們互相定義。它們互相依存。這是一場永無休止的宇宙大戲。這是二元對立特有的本質。

當你過多地參與並認同自己的動機或議題時，你就在夢裡迷失了。從夢裡醒過來遠遠勝過在夢裡扮演一個好人。你的敵人也和你一樣堅信自己是正義的。孰是？孰非？這完全取決於我們所受到的條件制約。

世上沒有對與錯。只有覺知與無覺知。要在人類集體層面產生效應，需要有許多的個人超越二元對立，覺醒進入合一。而且，覺醒的人數必須要達到一個臨界值。在達到此臨界值之前，你要盡可能地在我們這個世界上去剷除殘暴、不公正、不平等和淩虐，但是，你的行動要永遠出自於愛和覺醒的覺知，而非恐懼、仇恨或憤怒。

如果你要改變這個世界，你必須先要改變你自己。如果要結束痛苦、苦難和衝突，你必須先要把你內在所有的黑暗和痛苦帶入到覺知的全面光明裡。

當你去覺察自己的Ｅｇｏ，並坦白隱藏在內的痛苦和黑暗的各個方面時，至少，你自己的生命會被轉變。因為，這樣做會使你深入本體，進而轉化你的生命。

如果我們有足夠的人覺醒了，那麼世界將會得到救贖。

第十一章

死亡是生命的一部分

在覺醒者眼裡，
死亡是幻象。

超越死亡

如果通過這一世的人生，你熟練掌握了臨在的藝術，那麼，在你離開這一世時，你就能夠臨在。這樣，你就不會知道死亡。你所知道的只有生命，以及在那一刻，從存在的一個領域到另一個領域的過渡，這就是我們所謂的「死亡」。在當下時刻，沒有死亡。只有生命。

死亡是幻象

你了解死亡的唯一途徑是通過你的頭腦。你可以預測死亡，而這會製造對死亡的恐懼，但死亡永遠不會到來，它只是迫近。如果你放鬆，保持臨在，不去預測正在逼近的是什麼，那麼，存在著的就只有這一刻，而在這一刻，沒有死亡，只有生命。

永恆的生命

在永恆本體的最深層面，你一直在，而且將永遠在。這就是耶穌所講的這句話的含義：

「在亞伯拉罕之前，『我是』。」

接納死亡

我曾經有過面對死亡的機會，當時，我確信死亡隨時會降臨，而我就要死了。我臣服了，並對死亡說「是」。

在我自身的覺醒旅途中，這是個標誌性的過渡。結果是，我並沒有死。但在真正臣服的那一刻，我的內在有些東西開啟了。接受死亡，是活出全部生命必不可少的先決條件。這也是臨在的先決條件，因為臨在就是一刻接著一刻地讓過去死掉。

死亡靜心

對死亡有高度恐懼的人，我建議去做以下靜心，這會把對死亡的恐懼帶入覺知，並帶來對死亡的接納與臣服。

把眼睛閉上，與你正在呼吸著的身體臨在。讓自己和每一刻聽到的聲音臨在。與空氣輕撫面頰的感覺臨在。與你內在的空間以及身體所處的外在空間臨在。

如果你確實臨在了，你會感到寂靜、祥和與安寧。在臨在一兩分鐘之後，對著你內在寂靜最核心處的神說以下這些話。要在寂靜中，對著寂靜說話：

「摯愛的神，我準備好了。如果您的旨意是讓我死去，那麼我已準備好要臣服於您。您現在就可以帶我走。我把自己全部交給您。」

在接下來的三分鐘內，繼續臨在並做好死的準備與臣服。如果在這三分鐘內你沒有死成，那麼你就說出以下這些話。

「謝謝您，神！我接受您賜給我的這一輪二十四小時，讓我在這裡全然地享受我的生命。」

每天做一次死亡靜心，可以連續做一個月。

為何死亡如此痛苦？

我給我的一位學生瑞克做過一次個案。他是我的一位好朋友。在這次個案的幾個月前，他得到消息說他的母親得了癌症就要離開人世了。他火速趕到了加拿大的家裡。在幾個月的時間內，他眼睜睜地看著自己充滿活力的母親日漸枯萎而死去。他無法接受母親的過世。目睹疾病長期折磨他的母親，使他痛不欲生。母親去世的整個經歷讓他徹底萎靡不振了。

「為什麼死亡這麼痛苦？」他真誠地問我，這份誠意深深地打動了我。

「死亡那麼痛苦，是因為我們對熟知的生命執著不放。我們對所愛的人執著不放。

我們對人和財產執著不放。我們甚至對我們的日常生活習慣執著不放。死亡是這一切的結束。而死亡之後是一個進入未知的旅程。很自然地，我們會害怕。我們為自己害怕，我們也為所愛的人害怕，因為我們害怕未知。

「我怎樣才能克服對未知的恐懼？我怎樣才能戰勝對死亡的恐懼？」

「如果你絕對肯定地知道，你被孕育前就已經存在了，而且在死後也會繼續存在，你就會放鬆下來。你就知道，死亡不單單是結束，它也是一個開始。只有當我們完全覺醒進入當下時刻時，我們才能認識到我們存在的永恆本質。只有我們和死亡徹底合作時，我們才能開始活出全部的生命。

要和死亡正確相處，我們就必須要學會讓剛剛逝去的這一刻死去。這樣，我們才能不斷地更新自己進入當下這一刻，而當下時刻才是生命之所在。死亡並不可怕。可怕的是沒有活出生命的全部。」

當瑞克沉思我的話時，他內在的深處有東西開始在攪動。

「你現在有什麼感受？」我問。

「非常悲傷。」

「閉上眼睛，真正地進入悲傷去感受它。」我溫和地催促著，「不要拒絕它。不要跟它抗爭。讓它呈現出它本來的樣子。」

瑞克以前和我一起做過這樣的療癒，所以他能夠進入悲傷中並全然地去感受它。

「如果悲傷的感受能夠說話，並用一個句子來表達它自己，它會說什麼？」

「我想您，媽媽，我很難過，您不得不受苦。」

巨大的喪失感吞沒了他。

「這就樣，讓它出來。讓它上來！」

悲痛之情傾洩而出，先是憤怒接著是眼淚。

「你想跟你的母親說話嗎？」我問，「我可以請她到這裡來，你可以用這個機會來完成與她的任何未了之緣。」

「你怎麼能做到呢？」他淚眼朦朧地問。

「這是我在一次覺醒體驗後所開啟的能力。無論你母親在她靈魂之旅的何處，我都可以把她召請過來。這遠遠不是你能夠想像出來的。經由本體的力量，她實際上會出現在你的腦海裡。你想要我請她過來嗎？」

他點點頭。於是我就把他的母親召請到了現場。他仍然閉著雙眼。

「你現在能看到你的母親就在你眼前嗎？」我問。

「是的！我可以很清楚地看到她。感覺她真的就在這裡。我幾乎伸手就能碰到她。」

「你有什麼話要對母親說嗎？很清楚地說出來，她會回應你的。」

「我好想您，媽媽！我很難過您在醫院受了那麼多的苦。」

他開始感到內疚。

「您那麼勇敢，我好想能更多地幫助您。我想讓您好起來。我甚至都沒告訴您我有多麼地愛您。」

「她是怎麼回應的？」我問。

「她在告訴我她離世時的情況。她說在她死的前兩天，她找到了祥和，並且知道沒有什麼好擔心的。她覺得自己從頭到腳被一種溫暖、美麗的愛包裹著。她完全處在被保護狀態，並對她要去的地方充滿了期待。」

我引導他和他母親進入深層的交融。最後，他睜開眼睛看著我。

「在她死的時候，我沒能和她在那個祥和的地方相會，」他解釋著，「我過於沉浸在自己的悲傷中了。但是就在剛才，李爾納，在你的引導下，我能夠和她在那個充滿愛的地方相會。而這是依靠我自己的力量沒能辦到的事情。」

「她還有什麼要對你說的嗎？」

「她告訴我，當她接受了神的決定要她離開自己的身體時，這給她帶來了極大的快樂。她要我也接受。」

我能看出瑞克在抗拒。

「我們本來就應該在臣服於神的旨意中去生活。」我告訴他，「每一刻不管在發生什麼，都是神的旨意，就是因為它正在發生。」

「就是說我必須要向苦難低頭？」

「你不是在向苦難低頭。而是臣服於你生命中正在發生的一切，哪怕是你所愛的人正在死亡。是你拒絕接受正在發生的事才造成了你的苦難。如果你接受了你母親的死亡，並能進入到她離世時所進入的那個恩典狀態，你母親的過世其實可以成為讓你喜悅的事件。」

瑞克好像明白了。他放鬆下來，並慢慢地深入到本體。他繼續與母親對話，直到感覺圓滿了才停下來。

艾倫與死亡天使

幾年前在紐約，既是朋友又是學生的萊斯麗，問我是否能為她一直病得很重的朋友艾倫做個案。實際上，艾倫病得太重了而無法出行，我必須得去她在長島的家去看她。

我當然同意了這樣的安排。在我們約定見面的當天，有人開車帶我到艾倫的家。當我們接近艾倫的家時，我很驚訝地發現，艾倫住在一棟大豪宅裡，有一個修剪精緻、美麗的花園。我們沿著長長的、蜿蜒的車道向上行駛，然後把車停好。一位穿著護士服，看來很嚴肅的女士迎接了我們。

我先去了洗手間，萊斯麗則去艾倫的房間告訴她我們已經到了。她已經很久沒有見到艾倫了，所以想先和她私下聊一聊。在我走出洗手間，向艾倫的房間走去時，萊斯麗攔住了我，她顯得很擔憂。

「她的情況比我知道的還糟糕。」她告訴我。

我隨著萊斯麗進入艾倫的房間。艾倫背靠著一些枕頭，坐在一張像是醫院專用的病床上。她的鼻子和手臂都插著管子，臉色非常非常蒼白。在我看來她可能活不了多久了。

我的第一個反應，是我打攪了她。

「我實在不確定我怎麼可以幫助你。」我說。

艾倫的聲音相當微弱而且在顫抖。

「我喜歡你的書。」她回答說，「你反正已經來了。何不多待一會兒？」

她非常和善，而且她的純真讓我很感動。萊斯麗離開房間後，我們就開始做個案。

我跟她在一起坐了大約有五分鐘，才開口講話。

「你有什麼感受？」我問她。

她停了一會兒，好像在感覺她內在的感受。

「我害怕，我怕死去。」她說。她開始哭泣。我握著她的手，只是和她坐著，一起臨在，並直視著她滿含淚水的雙眼。否認死亡正在接近，看上去沒有任何意義。

「感到害怕是可以的，」我說，「就去感受那個恐懼。我們都會死，而且我們都怕死。不過，死亡是生命無法避免的一部分。」

我們相互凝視著對方。我能看到她心中的恐懼。這個恐懼幾乎到了恐慌的地步。

「再跟我說一下你的感受。」我溫和地說。我想讓她去和感受連結。我想讓她去感受她的恐懼並和恐懼臨在。

「我害怕。我不想死。」

更多的淚水流了出來。

「感受那個恐懼。」我說，並鼓勵她繼續臨在，「只是去感覺恐懼！不要試圖逃離它。」

她似乎在回應我的建議。過了一會兒，她的眼淚停了。接下來是好長一段時間的寧靜。她閉著眼睛，而我一直與她保持全然的臨在。最後，她開口說話了。

「恐懼停下來了。」她說，有點吃驚地看著我，「我現在覺得很祥和。」

她睜開雙眼，對著我微笑。

「我感到一種深深的祥和。這真美。」她說。

她再次閉上雙眼，放鬆地進入內在升起的、深度的祥和裡。

「這太美了。」她小聲地重複了好幾次，眼睛仍然閉著。突然間，她的整個面龐掛滿了明亮的笑容。

「天使在這裡。」她說，「天使們和我在一起。」

她臉上的表情既驚訝又喜悅。

「他們告訴我，一切都很好，沒有什麼可害怕的。」

突然，她睜開眼睛直視著我。

「他們說，是他們把你送到我這裡來的！」

默默地，我們凝視著彼此的雙眼。她現在和我非常臨在。在臨在的這個永恆瞬間裡，我們之間充滿了最強烈的愛。她的整個存在散發出如此耀眼的光芒，我幾乎都看不見她的臉了。毫不誇張地講，她正在融入到光裡面。

「你在消失進入光。」我對她說。

「真的嗎？」她問，帶著孩童的純真。

我點點頭，她閉上了眼睛去感受。

「還是這樣嗎？」她閉著眼睛問我，「我還在融入光中嗎？」

「更加強了。」我輕輕地說。

實際情況就是如此。她全身都在發光，圍繞頭部的光是那麼強烈，我幾乎看不清她的面目特徵了。她很放鬆，也很高興她整個人都在化成光。

幾分鐘之後，下一個啟示出現了。

「神和我在一起。」她帶著敬畏悄悄地說，「神和我在一起呢。」

很明顯，她是在某種內在的狂喜之中。過了一會兒，她睜開了眼睛。

「非常感謝你。」她小聲說，「我現在準備好去死了。我不害怕了。」

「你確定？」我問。

她點點頭，面帶微笑，閉上眼睛準備離開她的肉體。

距我們一小時個案結束的時間還有大約二十分鐘。我陪她坐著，在寂靜和臨在中，一起等待著她的死亡。過了大約二十分鐘，我輕輕地打破了沉寂。

「你覺得怎麼樣？」我問。

她睜開了一隻眼睛。

「實際上，我覺得更有力氣了。」她說，「我想我今天死不了了。」

我對她說我該告辭了，並問她是否想讓我明天再來一趟。她說是，所以第二天在同一時間，我又來到了艾倫的家。我們在一起愉快地度過了一個小時，她仍然活得好好的。實際上，在接下來的三天裡，我每天都來看她，而且她的身體一天比一天強壯。據我所知，她仍然健在，不過，我並沒有和她保持聯繫。

我與艾倫的經歷是我生命中最神聖的體驗之一，而且它為我以前的體悟提供了佐證：去感受並承認我們的恐懼，並且在任何情況下都與我們的感受臨在，是非常重要的，尤其是在面臨死亡的時候。

墜落

有一件事遠比死亡糟糕，那就是墜落！

真相是，我們全都墜落了，而且由於墜落令人如此痛苦和懊惱，我們把它埋在意識之內，埋藏的深度遠遠超出了我們的覺察範圍。我們竭力拒絕承認我們墜落了。這實在是太痛苦了。

什麼是墜落？我必須要講清楚。這是覺知的墜落，而且是整個人類都墜落了。墜落，是從生命的實相墜入幻象的世界。是從合一墜落進入分離。是從愛、真理和力量中墜落了。是從恩典和純真中墜落了。是從知（knowing）中墜落了。是從神那裡墜落了。

除非我們承認自己墜落了，否則我們就無法昇華與覺醒。

耶穌稱那些墜落的人是「活死人」。如果你迷失在頭腦裡，你就不可能或不願回應他覺醒的呼喚，對他而言你就已經死了。

「讓死人埋葬死人吧。」他告訴一位門徒。

對那些能夠回應他的人而言，他是在邀請你復活進入生命。

來吧！救贖你自己吧！把幻象的世界拋在後面。它為死人而備，而非活人！把自己從頭腦和Ego的世界裡解放出來，經由當下時刻之門，全然地進入生命。

必將繼承地球的，並非是謙卑的人，而是那些覺醒了並能駕馭自己的人。這就是你的宿命。是你對神服務的圓滿。是你的靈魂之旅的結束。

當你真正走完了你的旅程，並從根本上安住於本體時，你可以宣告：

「神，完成了。我終於到家了。我在當下世界的家裡了。」

天使將會歌唱：「哈利路亞！」

第十二章

我的覺醒體驗——獻給所有感興趣的人

以下是我個人的覺醒過程，
我的覺醒是突發的，
不過，你的可以是漸進的，
不管是哪種方式，
我們的終點只有一個
此處！此刻！

第一次覺醒

一九八一年的十二月，我在澳洲參加了一個為期一週、有關個人成長的強化班。工作坊的地點是上索拉鎮（Upper Thora）茉莉花靜修中心（Jasmine Retreat），離澳洲新南威爾斯州（New South Wales）的白嶺根市（Bellengen）有三十分鐘的車程。

這個工作坊很精彩。在工作坊期間，我全身心地參與了每項活動，並在這七天裡獲益頗豐。

在工作坊結束的時候，我來到了河邊。我們每天都在那條河裡游泳，去享受那清涼快速流動的河水。在我前方有條河，河裡有幾處激流，而且越過激流的地方是一個可以游泳的深水潭。在河對面，陡峭的河岸拔地而起，直指天空，上面長滿了樹木。

陽光溫暖著我的身體，我站在河岸上，欣賞著我周圍環境的自然美。

突然，我發現自己不由自主地進入了階段性的靜心狀態，這個過程持續了十五或二十分鐘。我不知道發生了什麼，也不知道我自己在做什麼。在某種意義上講，是靜心主動地在我身上發生了。

每個序列的靜心都是自發的，未經策劃。好像是我的內在正以某種神祕的方式指揮著我。

我感到我的雙臂自動張開了。在接下來的十分鐘裡，我就這樣站在那裡，雙臂伸展著，與河對岸的樹木進入了深層臨在。我用我的覺知在擁抱這些樹，而且和它們成了一體。

我感受到了它們在我內在那份寧靜的壯麗與堅韌不拔的力量。

大約過了十分鐘，我慢慢地下到了河裡。由於前一天一直在下雨，河的水位很高。我面前的河水急速地從石頭上流過，很難站穩腳，不過，我還是設法走到了河裡，來到了那片激流最強的地方。

河水大概淹到了我的胸部或許稍微向下一點。我轉過身來，逆流而站。在通常情況下，我絕對不可能站在那裡擋住激流。我會被沖走的。但是，我的內在有樹木和我在一起。我感到內在有一股難以置信的力量和穩固性。我以我的力量和意志藐視著激流。

我逆著激流站了大約十分鐘。然後，不假思索地，我在激流中用力地遊了三、四下，就遊過激流到了那個深水潭。

不由自主地，我一頭紮到了水的深處。深水潭裡面很黑，水也很混濁，我感覺到我正在潛入黑暗的最深處。當我浮上來的時候，我大喊了一聲。這聲喊，我只能形容為原始的吶喊。這聲原始的吶喊，從我內在的深處發出來，充滿了整個山谷。好像是在宣告我終於到來了。這個過程，我重複了三次，而且我每次從水裡出來的時候，都帶著一聲原始的吶喊。

然後，我朝著激流的中心遊了三、四下，就把自己交給河流了。我徹底地放手，任憑河水載著我走。我閉著眼睛，臉朝下。我被流水載著漂過了岩石，我完全沒有一點保護自己的念頭。我會很容易就被石頭劃傷或撞到石頭而失去知覺。

但是，我臣服了，我完全信任河水。

在下游大約四百公尺處，河水的流速減慢了。當我向岸邊走去的時候，我很清楚我是在一個完全不同的維度裡。我是在一個不同的覺知狀態。這是我對覺醒狀態的第一次體驗，雖然當時我根本不知道我身上正在發生的是什麼。

在此之前，我的人生沒有給我任何準備讓我體驗我從河裡出來時的狀態。

對於我，時間已經消失了。我被愛與合一的感受淹沒了。我被神聖與神性的感受淹沒。一切在我眼裡都是那麼的完美。一切都從內部發著光。我完全處在極樂狀態。

當我沿著河邊的小路往下走時，空氣中充滿了神奇。

我已經覺醒進入了一個超然美麗的世界，我感到完全沉醉在神聖的愛裡。我發現自己在一遍又一遍地說：「我愛你。」簡直無法停下來。我跟草地上吃草的牛群說我愛牠們，我跟樹木說我愛它們。我跟天空、彩雲與河流說我愛它們。

那些我從未聽到過的情歌，開始從我胸中飛出。

我的愛擁抱著我所看到的、聽到的一切。當我走在那條碎石路上時，我感到自己就是阿西西的聖方濟（Saint Francis of Assisi）。一切存在，都是那麼完美無瑕，我的內心被奇妙與驚歎占據了。

我步行了幾個小時之後，決定返回靜修中心。當我回去時，天已經黑了。我來到大家聚會的房間，感到非常脆弱。我無法開口跟任何人講話，但還是想跟大家在一起。所以，我就坐在床上，看著大家。

沒有人跟我說話。好像我根本就不存在一樣。我感到對每個人都有極大的愛，同時也很驚訝。當我坐在床上，看著大家友好地交談時，一件非同尋常的事情開始發生了。

我能看見他們彼此在說話。他們的嘴在動，但是我聽不到他們的聲音。不知怎麼地，聲音被關掉了，一切都在以慢動作進行著。我看著他們的臉，並能看到他們所顯示的這張臉後面還有一張臉。如同他們在戴著面具一樣。外層那張臉並不是他們的真面目。在他們快樂的面龐背後，我看到的是絕望。在笑臉的背後，我看到的是淚水。

我坐在屋子裡的那段時間，一切都無法逃過我的眼睛。就好像我有一雙透視眼。我對這些人沒有批判。實際上，我對他們懷著極大的愛和慈悲。然而，這個體驗是壓倒一切的。之前，我從未有過類似的體驗。我根本不知道我身上在發生什麼。

過了一會兒，我們到大廳去用餐。伊恩．陶納和羅賓．陶納兄弟倆擁有並管理著茉莉花靜修中心。幾年前，他們感到有個強烈的召喚要修建這個靜修中心，雖然當時他們並不明白為什麼要這樣做。他們與這片土地、樹木和這條河流有著強有力的連結。他們花了大量的時間和辛勤的勞動來打造出美麗的花園。他們在裡面種了大量的花卉、樹木和灌木。

伊恩是個很不錯也很神祕的人。在過去的一週，他和羅賓在強化工作坊裡，對客人們的照顧，關愛有加，無微不至。他們滿懷愛心的服務讓我深受感動。我走向伊恩，問他是否有事情要告訴我。而這是我突然間覺得必須要做的事。

他奇怪地看著我，搖了搖頭。

「我沒有什麼要告訴你的。」他說。

我感到很困惑，也有點難為情。我不知道我為什麼要問他那個問題。幾分鐘之後，他來到我面前。

「我確實有事情要告訴你。」他說，「你問我的時候，我還不知道。我剛接到，是個非常清晰的資訊。」

「是什麼？」我問。

「你不能擁有任何東西。」他告訴我。

當時我並沒有真正明白他給我的這個資訊的含義，不過，後來就變得清晰了。它讓我明白了，不管我身上發生了什麼，都不屬於我，我無法去擁有。我不可以把正在發生的一切貼上我自己的標籤。這個資訊確實給了我很大的幫助，它有效地防止了我的Ego利用這個體驗去搞自我膨脹。

在這次覺醒的後幾天裡，我被帶入了一個療癒過程。它揭示了我在兒時如何遭受了情緒創傷，以及我所有變得不正常的方面。我的恐懼和不安全感都被帶到了表面，讓我看得一清二楚。我所有的性格缺陷和弊病也都清清楚楚地，而且沒有批判地擺在了我的面前。我的一生和童年時的所有事件都被重新帶入了覺知省察。隨著這個過程的深入，我開始對我自己感到極大的慈悲，我打開進入了一個更深層次的愛。整個世界都被愛照亮了。一切都那麼美妙，具有魔力。

我心裡自動地流出一首歌。

「約旦河水深又寬，我的愛在河對岸。」

我完全不知道這首歌來自何處。我用雄厚的男中音一遍又一遍地吟唱著這些歌詞。這把我內在深處的狂喜帶了上來。

過了一會，這首歌平息了下來，我開始接收關於人類狀況本質的洞見和啟示的資訊流。靈性覺醒的一些關鍵也被揭示了出來。我的覺醒在向古老的智慧敞開。如同從某個宏大、永恆的河流傾瀉而下的瀑布，真理和智慧開始從我內在噴薄而出，這是一次激動人心的經歷。

突然之間，能量發生了變化，愛的強度急劇地加大了。我感到了自己內在以及周圍有一個從未知曉的存在。即使到那一刻為止，我一直都是一個不可知論者，但我知道那就是神，這絕對不會有錯。而且，神開始對我講話，神要我講述耶穌的真相。

當時，我根本不知道神在說什麼。

「我不知道耶穌的真相啊！」我抗議道，「即使我確實知道，我也不敢公開去講啊！」

「隨你便吧，我親愛的孩子。」這是神給我的回答。

在神回答我的那一刻，我發現神是愛、接納和允許，遠遠超過了我的任何想像。我被允許對神說「不」。偶爾，神會再次要求我去講述耶穌的真相，而我也繼續說「不」。

令我驚訝的是，我發現神完全沒有批判。神是一位寬容的神，並以勢不可擋的無條件的愛和接納充滿了我的整個存在體。

我處在高度覺知狀態達三個星期之久。我在永恆的維度裡，時間不存在了，我看到了萬物內在的美麗與合一。

最後的一天終於來到了，我們要離開這個美麗的聖地了。我對自己要到哪裡去，或者要幹什麼一點概念也沒有。我甚至都不記得怎麼開車了。過去好像已在我的內在消失得無影無蹤。

我找到了車鑰匙，但是我不知道怎麼用。我等了一會兒，才慢慢知道了要怎麼做。我把鑰匙插進去，啟動引擎，把手放在方向盤上，輕輕地踩了一下油門，車子開始向前移動。這感覺好奇怪，好像我是第一次開車，然而開車的技術我還全懂。我知道怎麼開車。

我拜訪了當地的幾位朋友，然後南下去臥龍崗（Woolongong）和一位朋友會面。臥龍崗在雪梨南面，有大概一個小時的車程。我當時仍處在覺醒狀態，不過，已經過了高峰體驗。最後，我回到了比較正常的存在狀態。是整合的時候了。

三年過後，我又迎來了第二次覺醒。就是在這次覺醒裡，耶穌的真相被揭示了。也是在這次覺醒裡，我完全進入了人間天堂。

第二次覺醒

我花了三年的時間來整合我的第一次覺醒經歷。在這三年裡，我閱讀了大量書籍，拜訪了印度的幾位大師，其目的在於了解發生在我身上的究竟是怎麼回事。

逐漸地，我又回到了三年前所體驗到的合一與愛的狀態，不過這比上次平緩多了，而且我也能夠比較容易地在社會上生活了。

我開始組織工作坊，和大家分享被揭示給我的一切。

在一九八四年的十二月，我回到了我第一次覺醒體驗的發生地——茉莉花靜修中心。這次，是我在主持靜修活動。大概有三十多人參加了這次活動，而且多數人都有一年以上的時間接受過我的指導。

這是一次很震撼的靜修，幾乎每個人都開啟進入了最深層的本體覺醒狀態。

靜修的最後一天，我開始打開進入了存在的永恆維度。時間消失了，我知道我在進入另一個高峰體驗。這次甚至比第一次的還要強烈。我體驗了跟我所遇到的一切進入合一的狀態。這很玄妙。充滿了奧祕和神奇。我處在純粹寂靜、本體和愛的狀態。

接下來的幾天，我都在喜悅的共融裡。我感到樹木、鮮花、鳥兒，甚至昆蟲都是充滿愛心的朋友，在和我分享這個美麗的世界。

到了大約第五天，我躺在草地上休息。我閉上眼睛，把雙臂伸開，深度地放鬆下來。我可以聽到遠處河水流動的聲音。我可以聽到鳥兒的歌唱。我的頭腦靜靜的，我處在完美的本體狀態。

然後，突然之間，我發現自己穿越時間被運到了另外一個維度。不知怎的，我在十字架上，正在經歷被釘十字架的每個微小細節。就好像我正在透過耶穌的眼睛往外看，聽著所有的喧譁聲，並體驗著那個經歷所產生的所有感受。我感受到了被釘十字架的肉體之痛，體驗到了耶穌在十字架上哭喊著：「我的神，我的神，您為什麼遺棄我？」那個可怕的一刻。

接下來，開始出現了一系列的啟示，關於耶穌在十字架上時，以及自他死後所發生在他身上的真實事件。

這些啟示的顯露過程一直持續了幾天。我同時處在幾個不同的覺知維度裡。這是個非常混亂且十分艱難的經歷。我被這些啟示搞得不知所措。雖然這些啟示在最深層面肯定了耶穌的神聖性，不過，有些與傳統的基督教信仰還是有著令人震驚的差距。

當這次覺醒開始平息的時候，我已徹底精疲力盡了。我好多天都沒有闔眼，也沒怎麼吃東西。

幾個好朋友把我帶到了拜倫灣（Byron Bay），我就待在他們房子後面的一個木屋裡。我癱倒在床上，睡了三天三夜。當我醒過來的時候，我已身處人間天堂。

這是無法用語言來準確描述的狀況。我只能說，我已不再是個體的存在了。我已經完全融入到了合一裡。我的頭腦是全然寂靜的。過去和未來都已經消失了。毫不誇張地講，沒有生命在當下時刻之外。

這個小木屋坐落在美麗的森林裡。那裡又安靜、又隱蔽，我能夠聽到的只有鳥兒的鳴唱。在接下來的三個星期裡，我有時躺在床上，有時坐在窗邊的椅子上，完全沉浸在存在的奧祕裡。偶爾，我也去散步，但是我的身體被這次覺醒體驗搞得非常虛弱。

在這段時間裡，我沒有多少造訪者，而來的那些人也不怎麼知道如何與我相處。我無法主動跟人講話，但如果有人問我問題或者請求指導，我就能夠回應。我一直都在深厚的愛與合一的狀態。

然而有一天，我的內在深處自動升起了一句話。

「沒人會來。」

這四個字，很奇妙地傳達給我一個資訊。我必須從覺知的巔峰上下來回到比較正常的覺知狀態。這樣，我才能夠在時間的世界裡運作，讓那些尋求指導的人可以得到我的指點。

「如果不會有人來我這裡，那我就到他們中間去。」

從那個巔峰上下來很困難，不過大約三個月之後，我又能夠正常地在時間的世界裡生活了。

事情發展的結果，竟是小木屋隔壁的那片土地在出售。於是，我就把它買了下來，並最終在那裡蓋了一棟房子。現在，我在森林裡有了屬於自己的加大的木屋，並在那裡過了幾年平靜的生活。有時候，我會在自己建造的這個靜心中心舉辦工作坊和閉關靜修。

我並沒有任何期待或欲望更多的覺醒。我更滿足於過著平靜、祥和的生活，去散散步，在拜倫灣的本地小咖啡館裡喝喝茶，跟那些找上門來的人分享我的教法。

在一九九〇年的十二月，我排好了檔期做一次閉關靜修，這次還是在茉莉花靜修中心。

我就要進入我的第三次覺醒了。

第三次覺醒

這是一次七天的靜修。大概是在第六天，我又一次開始打開進入了存在的永恆維度。如果我回想以前的經歷，我可以說我的第一次覺醒是心的大規模開啟。第二次覺醒是開啟進入基督覺知。而第三次是進入遍覺（God consciousness）的覺醒。

我被帶上了一個歷經存在奧祕的旅程。我成了石頭、樹木、鳥類和天空。我穿梭於時間內，從起點到終點，又從終點回到起點。我體驗了在一切之內的神。我感受到了佛陀，耶穌和穆罕默德的存在。聖徒和聖人們都和我在一起。這是一次非常奧祕的經歷。

幾週過後，這次的覺醒體驗才逐漸平息下來，而且，在我能夠恢復正常生活之前，我又花了好多個月的時間來整合這次的體驗。

另外三次覺醒

在這之後，我還有三次覺醒。第四次是發生在一九九二年我在拜倫灣的家裡，這次覺醒只持續了一週。它揭示了愛的本質以及充滿愛心地活在世界上的真實含義。

次年，我被邀請到紐約和波士頓去主持工作坊。我的教導所引起的迴響是那麼的積極，於是我決定搬到美國。在接下來的五年裡，我從一個地方奔波到另一個地方。我一直在應邀講學。而我所有的財產，都裝在我車子的後車廂裡。

第五次的覺醒發生在一九九四年夏天的紐約。這次覺醒是我所有其他覺醒的綜合。當我在曼哈頓的街道上漫步的時候，我完全進入了另外一個不同的覺知狀態，一切都好像落到了實處。在我以前覺醒裡所出現的所有啟示和洞見都坍塌形成了一個單一的點。神聖的幾何圖形出現在我的腦海裡，在揭示出存在的起源。

我再一次經歷了與所遇到的一切成為一體的體驗。但在這一次，與我進入合一的是汽車、公車和燈柱子，而不是樹木、花與河流。每個人在我看來都是開悟的。我可以看到我們都是在某個宇宙舞台上演戲的優秀演員。

第五次的覺醒過後，我確信這就結束了，我的旅程也圓滿了。我沒有更多的期待，然而沒有任何徵兆地，在一九九七年的五月，第六次覺醒發生了。

我當時剛剛在密西根州的北部主持完一次閉關靜修，在切爾西（Chelsea），我和一個朋友住在一起，這裡距離安娜堡（Ann Arbor）有三十分鐘的車程。

第六次的覺醒，大約持續了十四天，在這期間，我感到自己是個永生不死的人。我跟星辰與太空連結地非常緊密。我與那些昇華的大師們所在的界域以及天使界連結在了一起。我一直處在持續的狂喜狀態。

這次覺醒的特點之一，是對動物所產生的深厚的愛。我待的地方附近有一個農場。每天上午，我都會過去與在那裡自由遊蕩的鵝和孔雀一起。那兒也有山羊和體形碩大的馬在綠油油的圍場裡吃草。我對牠們的愛是如此的深厚，我都有點招架不住了。

有一天，我突然想去看看其他的動物。我想看獅子、老虎和大猩猩。我還想看斑馬和長頸鹿，於是，我的朋友就驅車帶我去最近的一座動物園，那兒離我們的住處有兩個小時的車程。我們是在動物園開門前到的，在門外等了幾乎一個小時。

當我們終於進到裡面的時候，我們看的第一個展區是大猩猩。這些大猩猩都在一個很大的、長滿了草的圈地裡。我看到遠處有一隻體型比較大的雄猩猩，站在一隻較小的雌猩猩身邊。還有兩三隻很年輕的猩猩和一隻幼仔。

我走到觀賞區。這裡有一片很大的玻璃牆，可以讓人們很清楚地看到大猩猩們，牠們都聚在圈地遠處的角落裡。當我站在玻璃牆的後面時，我是在深度的愛的本體狀態。

慢慢地，那隻雌猩猩開始朝我走來。牠每走一步，我也變得越加臨在。在牠接近我時，牠一眨不眨地直視著我的眼睛，而且讓我驚訝的是，牠逕直在我的前面坐下，把牠的手掌貼到了玻璃牆上，好像是在問候我。

那一刻，我心中充滿了對牠的愛。牠是一個真正莊嚴、臨在的存在體。我把手放到玻璃牆上與牠的手相對的地方，我們就這樣進入了最深層的交融。

凝視著牠的眼睛，猶如凝視著永恆。

我們就在這無聲的共融中待了至少十分鐘。忽然，我發現自己在對牠說話。

「我愛你。」我一遍又一遍地說著。

然後，最深層的悲傷自我胸中升起。

「我很歉疚，」我跟牠說，「因我們對你們所做的一切而感到歉疚。」

好像我是在透過牠跟所有的大猩猩們講話。在我們的無覺知中，我們怎麼能這麼殘忍，這麼有破壞性呢？

在我和這隻大猩猩臨在的瞬間，我毫不懷疑，牠們遠比任何一個活在地球上的人更有覺知，也更有尊嚴。

我內在所升起的深深的懊悔，無法抵擋我對牠的愛。我只是和牠坐在那裡，反反覆覆地告訴牠我愛牠，我很歉疚。

我們的共融又持續了五分多鐘，之後，讓我驚歎的是，那隻幼猩猩慢慢地走過來，在牠媽媽旁邊坐了下來，牠的眼睛注視我的眼睛，並把手舉起來和我的手掌貼在一起。

在接下來的十五分鐘裡，我就一直和牠們母子手貼著手。我們的手掌之間只隔著一層薄薄的玻璃。

凝視著幼猩猩的眼睛，像是凝視著一片純淨的海洋。

過了一會兒，其他人開始圍了過來想看看這裡發生了什麼。他們又說又笑，顯然是我和大猩猩們該分開的時候了。我跟大猩猩說了再見，並決定離開動物園。我回到了朋友的家，我的覺醒狀態又持續了幾天。

此後，我曾到非洲去觀看那些在自然環境中生活的動物們。我見到過獅子、河馬、斑馬、水牛、長頸鹿、猴子、狒狒和大象，牠們都和睦地生活在肯亞的大草原上。那個景象美得超乎想像，但我永遠也忘不了在托萊多（Toledo）動物園和大猩猩們一起共度的那個神聖交融的時光。

有關覺醒的最後一言

我前面所描述的覺醒，都是高峰體驗，而且和其他所有體驗一樣，它們來了又去。它們經由恩典升起，並且會自行消失。你既無法抓住它們不放，也無法欲望它們的到來。

高峰體驗在覺醒過程裡並非必不可少。

對於大多數人來講，覺醒是漸進的。這包括去擁抱真正的責任。包括和Ego建立正確的關係。在這個穿梭於時間與分離的漫長旅程上，對已經變化了的自己的各個方面，要有勇氣和誠實去揭露。你必須要清空那些壓抑著的情緒所形成的儲存庫。你必須要把自己從跟他人的纏縛中釋放出來。你必須要超越批判。你還必須要敞開進入生命的真相、愛的真相和力量的真相。

但是，覺醒的真正關鍵，在於學會臨在的藝術，以便讓當下時刻成為你生命的根基。

臨在是萬能鑰匙。它揭示出你的那個「我是」。它顯露出合一。它昭示出一切存在之內神的鮮活臨在。它彰顯出天堂在人間。而且，它轉化你在塵世中的生命。

附錄：專有名詞釋義

1・Being：在，本體，存在

Being是一種覺知狀態。當你全然臨在而不是在頭腦裡的時候，你就是在本體的存在狀態。此刻，你就在這裡，而沒有迷失在思緒裡。除了人類，其他的一切存在體都是在本體的狀態。在某種程度上，我們陷入了頭腦以及無休止的無覺知的意識流裡面，我們就還不是真正的人類存在體（Human Beings）。「在」的覺知狀態，就是「臨在（本體）」的覺知狀態。在（Beingness）與本體（Presence）本質上是一樣的。覺醒進入本體或臨在是靈性追求的全部意義所在。

2・Conditioning：條件作用，制約

作為兒童，我們被訓練成要以一定的方式在地球上生存。我們被灌輸了我們父母的信念，思想和觀念。這些本來不是我們自己的，但是我們被期待著要把這些當成是自己的。如果我們不接受他們的這些條件限制，我們可能會被批判、排斥或者否定。這只是條件作用的一個方面。另外，我們也習慣性地以一定的方式對環境作出反應。一個經典的例子就是巴夫洛夫（Ivan Pavlov）的狗。伊凡・巴夫洛夫是一位俄國心理學家，他演示了一條狗的行為可以受制於條件；每次鈴聲一響，狗就會以一定的方式來回應。狗在接近食物時會流口水是很自然的，這是本能的反應。這種反應稱為非條件反應。但是，巴夫洛夫發現他可以把鈴聲和餵食聯繫起來，而且

他發現，狗甚至可以在沒有食物的情況下流口水。這種情況被稱為條件反應。條件反應的過程影響了人類生活的許多方面。比如，假設你父親是個很愛生氣的人，並且當你還是個小孩時，他會經常把氣出在你身上。對你父親的怒氣，你的非條件性反應就是感覺害怕和退縮。這是自然和本能的反應。但是，如果你父親每次對你發火時總是挑起眉毛，那麼，挑眉毛這個動作和發洩怒火也許就會讓你形成聯想，而這種聯想就可能會發展成為條件反應。許多年後，你可能不明白為什麼你會害怕你的老闆。因為，老闆有一個愛挑眉毛的習慣，儘管他沒有生氣，作為條件反應你仍然會感到害怕。這種條件反應，通常是發生在無覺知層面的。

在某種程度上，我們可以說當我們在頭腦中時，我們所經歷的一切都是一種細微的制約性回應，或者更準確地說，是條件反應。因為當我們在頭腦裡時，我們所經歷的一切都被我們過去的經驗、信念、見解和意識的聯想，所染色、影響或者扭曲。我們並沒有真正地如實體驗當下時刻。我們所體驗的當下時刻被我們的投射扭曲了。

我們越臨在，那麼，我們受這些條件反射、反應和行為的限制就會越少。

3・Dimension：維度，次元，空間

覺知，有很多維度。物質維度（physical dimension），頭腦（意識）維度（dimension of mind），心靈和星光體維度（psychic and astral dimensions），靈魂和精神維度（soul and spiritual dimension），以及天堂維度（Heavenly dimension）。所有這些維度都存在於二元性裡面。我們人類是多維度存在體（multi-dimensional Beings），意即，我們在這些維度中是同時存在著的。但是我們迷失在頭腦裡了，我們對這麼多的維度是沒有覺察的。在

覺醒之前，我們大多時候只存在於頭腦的維度。這個維度以記憶和幻想為基礎。它立足於過去和未來，而不是現在。在這個覺知的維度，Ego位於統治地位。然而，有一個覺知的維度是超越二元性和一切維度的。這就是純粹覺知維度（Dimension of Pure Consciousness）。當我們越來越臨在，而且把二元性的每個方面都帶入平衡時，這個維度會在我們的內在覺醒。純粹覺知維度超越了外相與內涵（Form and Content），也超越了二元性。外相與內涵，以及所有其他維度都是從純粹覺知中升起。覺醒進入純粹覺知，就是覺醒進入合一（Oneness）。

4．Duality：二元性，二元對立

在時間的相對世界裡，一切都在二元性或者二元對立當中被體驗。沒有冷，就不可能知道什麼是熱。沒有短，就不可能知道長。或者，沒有黑暗，就不可能知道光明。就好像是二元對立的一面，允許我們去了解和體驗它的另一面。當你在頭腦裡時，你是在時間的世界裡面，所以，一切均在二元性之內被體驗。這是觀察者與被觀察對象的二元對立。二元對立本身所固有的是分離的感覺，知與被知是分開的。由於批判，絕大多數人在二元對立裡面是失衡的。我們要歡樂而逃避痛苦。我們追求幸福而排斥悲傷。這是一種形式的批判，而這個批判導致了我們在二元對立裡面的失衡。同理，生與死，成與滅，合一與分離，都是如此。潮水只有先退回，才能湧進。我們除非呼出氣，才能吸進氣。這都是生命的自然流動，也是二元性不可避免的部分。當我們批判的時候，我們在二元性裡就失去了平衡，這就關閉了通向合一的大門而把自己禁錮在頭腦裡了。過去和未來也是二元性的兩個對立面，當下時刻位於它的中心。當下時刻也是通向合一的大門。要覺醒，首先我們要超越批判，而這個超越會把我們在二元對立

中帶入平衡。然後，通過當下時刻之門，我們開啟進入合一，超越二元性。

5・Ego（舊譯：小我，我執）

我用Ego這個詞，不包含它在心理學上的意義。與佛洛伊德或者榮格等人的用法也不一樣，而是與覺醒有關。要明白這一點，我們必須要闡明幾個問題。什麼是Ego？它是如何運作的？它在你生活中的角色（或作用）是什麼？為什麼它要阻止你臨在？以及你怎樣才能克服它的抵抗？簡而言之，在無人真正臨在的世界裡，Ego是你在這個分離的、痛苦的世界裡的朋友和保護者。它是分離的監護人。在你很小的時候，你的父母沒有以你需要的方式和你在一起過。或許，他們還容易發火，或很挑剔，愛批判。或許，他們在情感上無法和你貼近。或許，他們在你這麼小的時候對你有不切實際的期盼。這也許會讓你覺得不被愛，不安全，或者不夠好，而這會引起痛苦和困難的感受。這些感受對於還是幼童的你來說根本無法應付。這時候，Ego就進入了你的生活。它為你做的第一件事，就是把這些痛苦的感受壓抑下去，這樣你就不用去感受它們了。但是，這些感受並不會消失。它們只是被困在了無覺知層面。而且Ego打算在你的餘生中，要使這些感受一直處在被壓抑的狀態。因此，它會制定一些策略來幫助你逃避那些能夠把你壓抑著的感受帶動起來的一切。同時，它也會開始其畢生的追求，追求那些它認為你在兒童時期生活中所缺失的、而你目前仍然需要的一切。

舉例來說，如果你在兒童時期感到被排斥而且不被愛，它就會讓你從他人那裡尋求愛，並與此同時，試圖避免被拒絕的痛苦。如果它為了你要成功地完成這個使命，它就必須要掌控你。為了掌控你，它必須要把你困在它的世界裡，而這個世界是屬於過去和未來的頭腦世界。在你成長的過程中，你和你的Ego最終會變得沒有區別，這就會使你覺醒的機會微乎其微。如果你要覺醒，你必須要如此的臨在，使你的頭腦寂靜下來。那麼，你就超越了頭腦和Ego。你和你的Ego之間會產生距離，這樣，你就能夠觀察它。正是從本體這個超越的角度，你才能夠開始把Ego微細的操控和策略帶入覺知醒察的過程。從本體——也只有從本體出發，你才能與Ego建立正確關係，而這個正確關係最終會導致Ego的臣服。

6・God consciousness：神性意識

遍覺有兩個層面。在第一個層面，你全然深入地臨在，你會體驗神在一切中的存在。你體驗到神是無所不在的，而且你體驗到自己和神為一體。在更深入的遍覺層面，你已經全部進入到合一，你完全融入到實然（Is-ness）裡，你完全融入到神裡面。所有的分離感已經消失殆盡。感受到神的那部分與神之間的分別（二元對立）全部消失了；你消失了，而只有神在。

7・God：神

當我講到神時，我不是在講某個宗教意義上的神，或者我們所信仰（信奉）的某個神。我講的神，是一切存在之內核心處的寂靜本體。我所講的神，是一切之內的「一」。我所講的神，是一切升起的源頭，也是一切回歸的地方。我所講的神，是純粹覺知。當你越來越臨在時，你會發現存在於一切之內的本體，而正是這種本體把一切統一到合一裡，這種本體就是神。但是，神是無法被定義的。你無法在頭腦裡了知神。神是超越一切知見和信仰的甚深奧祕。如果你想了知神，你就必須要來到神存在的地方，你就必須要全然臨在。這樣，你就會從自身的體驗中知道我所講的是什麼了。

8・I am：我是

當你用「我是」時，這個詞不是來自於你的頭腦之內。它與個人無關。它是從覺醒的本體狀態，非人格化的一個表達。它是來自完全寂靜狀態的表達，它是你屬於此刻的維度的表達，而且僅僅是屬於此刻的維度，沒有涉及到過去。你只是在聲明自己是全然臨在的，而沒有迷失在過去和未來的頭腦的世界。你現在在這裡。誰現在在這裡？「我是！」

9・Identity：身分

你的身分感是你對自己是誰的感覺。我們從自己的過去來獲得身分感。我們被過去的經歷、記憶、思想、概念和信仰所界定。這給了我們一種「我們是誰」的感覺。但是這種身分感一直可以回溯到我們的兒童早期。兒童早期的許多經歷是痛苦的，而且兒童時期所形成的好多信念都是限制性的，並且有限制我們餘生的傾向。隨著你覺醒進入本體，你的過去已不再以界定你或者限制你的方式伴隨著你。這是一種深度解脫的覺性狀態。在本體裡，你已經超越了二元對立並覺醒進入了合一。但是，合一的困惑是你不可能知道自己是誰。要知道自己是誰就需要二元對立：知與被知！隨著你越來越臨在，你不可能知道自己是誰了，因為你已超越了二元對立。但是，大多數人害怕未知，他們寧願待在自己已知的領域裡，不管這有多麼的悲慘和有限制性，也不要不知道自己是誰了。這種恐懼會障礙他們覺醒進入本體與合一。

10・Maya：瑪雅

瑪雅是幻象的世界。它是梵語，意指我們每天生活的世界不是真實的世界，而是被我們的投射所扭曲了的世界。這是實際情況，但是，瑪雅或者幻象的世界其意義還不止於此。它包括了不屬於此刻的一切。當我們在頭腦裡時，我們會有一種我們的生活延伸到了此刻以外的感覺。我們有一種過去和未來感，但是，這種過去和未來感無非是記憶和想像，並不是真實的。我們真正能夠把握的生命是在當下時刻活過的生命。覺醒，就是要認識到當下時刻以外的一切都是瑪雅，在本質上是虛幻的。

11・Meditation：靜心，打坐，冥想

靜心，有很多種方式。大多數靜心的目的，是要止念，增強個人的覺知感。這些靜心的目的，是要把更多的祥和與寧靜帶入你的生活，並把你喚醒進入較高的覺知狀態。雖然大多數的靜心在很多方面對修習者是有益的，但在覺醒角度來看，靜心是有局限的。很多修習者，即使不是大多數，都有一個無覺知的目的。那就是，如果他們修習靜心，他們會變得更加安寧或者更加平和。也許，修習靜心的結果還會使他們開悟或者覺醒。但是，這個預想的結果會發生在未來。這種對未來的介入，會以某種微細的方式阻止他們臨在，而臨在才是真正覺醒的核心。

12・Mind：頭腦，心智，意識

頭腦，是覺知的一個狀態。它如同一台電腦，儲存著你過去的所有的經驗、記憶、概念、思想和信念，同時也儲存著你對未來的幻想、希望、

夢想和欲望。每當我們思考時，我們就像是進入了一個編織精細的幻象之網。如果我們相信自己的思想、記憶、見解或者信念是真實的，我們就被囚禁在了頭腦裡面。於是，我們就成了Ego的俘虜。Ego控制了我們生活中的幾乎所有方面，而且很積極地阻礙著我們的覺醒。覺醒，就是要把自己從頭腦和Ego當中解放出來，進入我們稱作本體或者臨在的這個高級覺知層面，這個層面不涉及過去和未來，只以當下時刻為基石。

13・No-mind：無念，無心

當你全然臨在，頭腦寂靜時，你就是在無念的狀態。沒有念頭，所以，也沒有過去或未來。

14・Not knowing：不知

當你全然臨在時，你一直生活在其中的知識（Knowledge）世界消失了，至少在你全然臨在的時刻。知識存在於頭腦裡面。它是多年的積累，而且，只有在思考的時候才可以被你利用。知識本身並沒有什麼過錯，但是，隨著你越來越臨在，你的思緒會停止，你的頭腦會寂止。當你頭腦處於寂靜時，你的知識會在哪裡？你的信念在哪裡？你的見解在哪裡？在本體，你進入了一種不知的狀態。但是，這種狀態是通向從你本體核心的寂靜中升起的無限智慧（Infinite Knowing）的大門。覺醒者安住在不知的狀態中，卻能一直利用「知」（Knowing）。知識來自過去。它是借來的。它通常是間接的或者是學來的知識。知，是從本體中升起的。它是鮮活的。它是直接的，並具有啟發性。

15・Oneness：合一，一體性

合一，是當我們全然臨在並超越了二元對立時的體驗，認識到萬物——有生命物（有情）與無生命物（無情）——內在固有的一體性。它消融了分離的虛幻感而顯露了統一感。在這個層次上，神作為一切的中心而被體驗。合一的體驗，是以寂靜為基礎，而在寂靜的最核心是虛無（Nothingness）。

16・Presence：本體，臨在，存在，顯化

當下時刻的一切，都是在本體的狀態。當下時刻的一切，都有一個體。當你在當下時，你就是在臨在的狀態，你可以感覺到那個在一切存在體之內的本體。在最深層次，我講的本體就是神在一切存在中鮮活顯現的昭示。在這個意義上，我們可以說，神是遍顯或無處不在。

17・Reality：實相，現實，真實情況

實相，是指真實的，而不是虛幻的。有兩個基本元素可以決定什麼是實相。如果它在，並且你的感官正在體驗它，那麼，它就是實相。此刻，它就是確實是在這裡的。它不是你想像出來的或者是你回憶出來的東西，也不是你正在思考的東西。第二個元素，跟你的投射有關。如果你臨在的程度，足以讓頭腦寂靜下來，你會脫離念頭、思想、概念和信念，那麼，你會如是地體驗當下時刻，而不受自己投射的影響。如果是你想像的或者回憶中的事情，那麼，它就是基於幻象，並不是真的在這裡。你的體驗，僅僅是發生在你的頭腦裡。實相有不同的維度，比如，如果你全然地和一

個人或者一個物體臨在，你所體驗的就是真實的。你是在有形象的世界裡看見並體驗它。不過，也有可能會看到實相的另一個維度，你可以超越有相而看到無相。凡是有物質形體的，也都有一個能量體。非常深入本體的人會講他們正在看到的一切都融入到光中，這是很常見的，也是真實的。他們正在看到並感知到的，是那顯現成形體（相）的能量，但是，當他們試圖去思考，或者試圖理解這一現象的那一刻，他們就再次進入了幻象的世界。只是臨在並注目真實地存在於這裡的一切吧。

18．Relate：相處

當你和他人進入關係的時候，這就意謂著你們的關係是基於過去，並會持續進入未來。當你和他人相處時，就意謂著你和那個人保持臨在，你沒有把過去或者未來帶入這一刻。相處，遠遠比關係親密。

19．Relationship：關係

關係，是存在於頭腦中的、虛構出來的觀念。當我們在關係裡時，我們記得我們從過去就在一起，並且幻想著未來也會在一起。換言之，關係是立足於過去和未來的，所以就其本質而言，它把我們控制在過去和未來，它把我們禁錮在頭腦裡面。那麼，我們很可能會把我們所有被壓抑的那些過去的感受和未被滿足的需要，都投射到關係中的伴侶身上，而這種投射最終會證明是對關係有害的。在關係裡面，並沒有任何固有的過錯。關係可以成為一面鏡子，返照出你內在仍然處於無覺知的一切；它可以觸發你兒童時期被壓抑下去的所有感受；它可以揭露出你在哪些方面仍然存在批判或者掌控；它可以揭露出你是如何充滿期盼和怨憤；它可以揭露出

你是如何變成受害者或者你如何在關係裡失去自己的力量。但是，最重要的是，你要看向鏡子，去學習你在關係中要學到的功課。這會加速你的覺醒。然後，你可以把保持臨在以及與彼此相處作為相廝相守的基礎。這是通向真正幸福、圓滿自己的生活以及與他人關係的鑰匙。

20．Remembering to be present：復歸臨在，回歸臨在

我寧願用「復歸臨在」(remembering to be present）這個詞，而不用「練習去臨在」(practicing to be present）。通常，當我們記住（remember）什麼的時候，我們記住的是過去的某件事，但是，我用這個詞的方式，頗為與眾不同。要真正明白「復歸」(re-member）這個詞在我的用法裡的含義，你必須要考慮一下「切割」(dis-member）這個詞的含義。當你切割某個東西時，你是將其整體切割，分成許多部分。而「復歸」，是這個過程的逆轉。藉由與當下時刻和你在一起的某樣東西「復歸」，那些被割裂的部分就重新組合回到了整體。比如，如果在這一刻，你和一朵花臨在，那麼，這朵花是一部分，而你就是另外一部分。與花復歸，你和花都重新進入了整體或者合一。你和花真正臨在的那一刻，你就出離了頭腦，你臨在了。你在合一的狀態裡保持著覺醒。

有時候，人們會問我，究竟是誰在復歸？是頭腦？還是Ego？在覺醒的初級階段，「記起」(remembering）是由頭腦啟動的。也許，你曾讀過有關臨在的書籍，或者你拜訪過某位覺醒的導師，並曾有過臨在的體驗。Ego記住了這一切，所以，你的Ego就會試著去臨在，它會去練習臨在。但是，「記起」是從頭腦裡升起的，這只是個基於過去，向未來投射的念頭而已。然而，Ego永遠不可能臨在。它的世界是屬於過去和未來的頭腦的世界。你不可能在頭腦裡臨在。所以，儘管頭腦中會有「要臨在」的念頭

升起，但是，你要超越這個念頭才能夠臨在。

這只需要一個輕柔的復歸。首先，你注意到你迷失在思緒裡了，然後，你單純地復歸。不需要練習。這是個靜靜地覺察。在復歸的瞬間，你立刻就臨在了，而且，在你再一次被吸納到頭腦裡之前，你會保持臨在。

那麼，覺察和復歸是從哪裡升起的呢？

這裡，有兩個層面在參與。

第一個層面，是靈魂本身。在靈魂內部，基於靈魂旅程的起源，有一個微妙的，通常也是無覺的「知」（knowing）存在。靈魂在合一裡出來，離開神，離開本體，在很微細的層面上，靈魂知道這一點。而且，靈魂內在有一個回歸合一的深切渴望。這是靈魂之旅的終極目標。因此，在一個超越了頭腦和思維世界的層面，當你準備好要覺醒時，一種渴望和「知」就會升起。對你的不臨在，就會有一種本能的識別，而這會立即導向復歸。

此外，還有一個更深的層面，在呼喚著你來到本體，這就是本體本身。對你沒有臨在的覺察，會從你一直臨在的維度裡冒出來。那個覺察會即刻翻騰上來，你馬上就復歸了。你就不再迷失在頭腦裡了。

從本體或者靈魂升起的覺察可以是自動發生的，就像有些人會有自發覺醒一樣。不過，大多數人要在覺醒者的臨在場域裡，才能體驗到覺醒狀態。

但是，一旦你真正體驗了臨在，即使才只有幾秒，你也就知道是怎麼回事了。你怎麼知道？嗯，你怎麼知道這是熱？你怎麼知道夜晚在降臨？你就是知道。你不需要去思考。這與你認出你迷失在想法裡了，是一樣的道理。你就是辨別出來了，然後，立即復歸本體。一開始，你不得不需要關注此刻與你同在的東西以便臨在。但是，一段時間之後，這些就都不需要了。

21・True self：本我，真實的自己

你的「本我」，與「歷經生活磨練的你」之間是有區別的。你的「本我」永遠不變。它是你此刻全然臨在的維度，而沒有迷失在過去或者未來的頭腦的世界。當你臨在的時候，你是愛、接納和慈悲。你的內在給予你力量。你存在於合一裡。在最深層次，你是一個永恆的存在體。你脫離了過去的諸多限制和對未來的焦慮。你在需要的時候使用頭腦，但你沒有迷失在裡面。你的思考是有覺知的。這就是真實的你（本來面目）。然而，當你在某種程度上，被吸納到頭腦的世界裡時，你與你內在一直呈現著的真相就斷開了。當你在某種程度上迷失在過去或未來裡時，你就和你內在一直呈現著的真相斷開了。當你在某種程度上，相信自己的想法，見解和信念的時候，你就和你內在一直呈現著的真相斷開了。當你在某種程度上，陷入期待，怨恨，指責或愧疚的時候，你就和你內在一直呈現著的真相斷開了。

你變成了什麼樣的人？當你迷失在頭腦裡時，你被你的過去所界定。你是在孩童時期所形成的限制性的信念裡生活，你帶著所有壓抑在內的感受生活，而這些感受通常會在無覺知的層面影響你生活的各方面。你生活在分離裡面，並竭盡一生試圖逃避分離的痛苦。你生活在恐懼、愧疚、批判以及無能為力之中。你在掌控，你是受害者，你很愛生氣，你總是指責別人。把自己的這些變化都帶入覺知之中是很重要的。暴露自己所變成的樣貌，會幫助你開啟通向真實自己的大門。

22・Unconscious：無覺知

無覺知，是指你對自己內在和外在正在發生的事情毫無覺察。我們的

大多數念頭都是無覺知的。我們迷失在思緒裡了或者是在做白日夢。感受在我們的內在被壓抑了下去，而且會在無覺知層面以多種方式影響著我們。Ego在我們的內在以無覺知的方式運作，這就使Ego能夠在我們的生活中保持著統治地位。你在頭腦和思緒的世界裡迷失越深，你就越無覺知。當我們越臨在的時候，我們就會越有覺知和覺察。覺醒的人，是全然覺察的存在體，會時時覺察到生起的任何想法或者感受，而且也時時覺察到他人以及他人周圍的環境。另外，覺醒的人對身體的動作和呼吸有著高度的覺察，對他人及環境也極度敏感。

23・Watchfulness：觀照

觀照，就是當自己的念頭和感受生起時要覺察到它們。如果你迷失在頭腦裡了，你就不可能觀照到那裡所發生的一切。你必須要超越頭腦，才能觀照頭腦裡發生的一切。你必須要超越Ego，才能夠目睹Ego微細的運作和操縱。而這，只有在本體裡才成為可能。當你臨在時，你就超越了頭腦和Ego。本體沒有批判，所以你可以目睹頭腦裡升起的一切，而不會有任何批判，甚至連改變它的欲望也沒有。對正在觀照中的一切，你並沒有參與進去。你只是它的一個目擊者。

24・Way：道，方法

我們有許多道的導師。老子就是道的導師之一，佛陀和耶穌也是道的導師。道，是覺醒之道。是超越頭腦和Ego的方法。是揭示出合一在一切之內的方法。道，並不是你能夠理解或者修練的東西，而是在於開啟你內在一直都存在著的真理。我用兩個簡單的步驟來傳授道。第一步，掌握臨在的藝術；第二步，要覺知省察你不由自主地被拉出本體的各種方式。第二步也包括把自己內在的所有無覺知層面帶入到覺知當中。第二步會使你熟知你的頭腦和Ego，而這會讓你從根本上扎根於本體，當家做主。

25・Who you are：你是誰，本來面目

從實相上來講，你是愛、接納和慈悲。你是寧靜、祥和與明晰。你的內在賦予你力量。你存在於合一裡，這就是「你是誰」的真相，你一直就是這樣，而且將來也一直會如此。然而，當你在某種程度上，被吸納到頭腦的世界裡時，你與你內在一直呈現著的真相就斷開了。當你在某種程度上迷失在過去或未來裡時，你就和你內在一直呈現著的真相失去了聯繫。當你在某種程度上，相信自己的想法，見解和信念的時候；當你在某種程度上，陷入期待、怨恨、指責或愧疚的時候，你就和你內在一直呈現著的真相斷開了。你自行離開了合一而進入了分離。你自行離開了真相而進入了虛幻的世界。

BC1070R

回到當下的旅程：靈性覺醒的清晰指引

Journey into Now: Clear Guidance on the Path of Spiritual Awakening

作　　著　李爾納・杰克伯森（Leonard Jacobson）
譯　　者　宗玲
責任編輯　田哲榮
協力編輯　朗慧
封面設計　斐類設計
內頁排版　李秀菊
校　　對　蔡函廷

發 行 人　蘇拾平
總 編 輯　于芝峰
副總編輯　田哲榮
業務發行　王綬晨、邱紹溢、劉文雅
行銷企劃　陳詩婷
出　　版　橡實文化ACORN Publishing
地址：231030新北市新店區北新路三段207-3號5樓
電話：（02）8913-1005傳真：（02）8913-1056
網址：www.acornbooks.com.tw
E-mail：acorn@andbooks.com.tw
發　　行　大雁出版基地
地址：231030新北市新店區北新路三段207-3號5樓
電話：（02）8913-1005傳真：（02）8913-1056
讀者服務信箱：andbooks@andbooks.com.tw
劃撥帳號：19983379戶名：大雁文化事業股份有限公司

印　　刷　中原造像股份有限公司
二版一刷　2024年2月
定　　價　480元
I S B N　978-626-7313-86-2

國家圖書館出版品預行編目(CIP)資

回到當下的旅程：靈性覺醒的清晰指引／李爾納・杰克伯森(Leonard Jacobson)著；宗玲譯. -- 二版. -- 新北市：橡實文化出版：大雁出版基地發行, 2024.02
面；　公分
譯自：Journey into now : clear guidance on the path of spiritual awakening
ISBN 978-626-7313-86-2(平裝)
1.CST: 靈魂
192.1　　112021505